フィシュ

アドルノ賞記念講演

ジャック・デリダ
逸見龍生＝訳

白水社

フィシュ

アドルノ賞記念講演

Jacques DERRIDA
Fichus

目次

【凡例】

- 仏語原文におけるイタリック体は圏点で示した。
- ただし、地の文で独語がイタリックとなっている場合には独語のままとし、〔 〕により日本語を補足した。
- また、イタリックが著作名の場合は『 』、論文名の場合は「 」で示した。
- 必要に応じて仏語原語を付記する場合は〔 〕で示した。
- 多義的な用語は＝で結んだ。
- « »は「 」で示した。
- ただし、仏語ないし独文でそのまま記す場合は、《 》で示した。

フィシュ

アドルノ賞記念講演

二〇〇一年九月二十二日、ジャック・デリダは、フランクフルト市テーオドーア・W・アドルノ賞を受賞した。一九七七年に創設された同賞は、三年おきに授与され、これまでユルゲン・ハーバーマス、ピエール・ブーレーズ、ジャン＝リュック・ゴダールなどが受賞している。受賞対象はフランクフルト学派の精神に即して、哲学、社会科学、芸術（音楽、文学、演劇、映画等）の領域を横断する作品から選ばれる。

ジャック・デリダは、この演説の最初と最後の数段落をドイツ語で読んだ。原稿は八月には執筆と翻訳を終えていたため、九月十一日への言及は授賞式当日に追加された。

市長、総領事、ヴァルデンフェルス教授(一)、そして同僚、友人の皆さん、

皆さんのお赦《ゆる》しを願って、敬意と謝意を、皆さんに私の言語でお伝えしたいと思います。もっとも、言語がこの講演の主題になるかと存じます。他者の言語、歓待の主客の言語、異邦人の言語、さらには、渡来する移民の言語、異国に定住した移民の言語や、亡命者の言語です。明日のヨーロッパにおける言語、

そしてまた、ヨーロッパを実例として、進行中のグローバリゼーションにおける言語間の差異を始め、責任ある政治は、複数なるもの、単数にして特異なるものを、どうしていくのでしょうか？　ますます疑わしい呼称となりつつあるグローバリゼーションのなかで、実際、私たちは、九月十一日以来、その言語も、意味も、名も、かつてないほど不確かとなった数々の戦争の縁《ふち》にいるのです。

　この慎ましく質素な、感謝のしるしにして証言のため、銘として、まず、ヴァルター・ベンヤミン（二）自身がある日、ある夜に、フランス語で夢みた一文を、まず、読ませていただきます。この文を、彼は、収容先のニエーヴル県（三）から、一九三九年十月十二日付の手紙（四）で、グレーテル・アドルノ（五）に宛てて、フランス語で書いています。収容先は、その頃、フランスで「志願労働者キャンプ」と呼ばれていました。ベンヤミンの言葉をそのまま受け取るならば、至福の感情に充ちていたとされるこの夢のなかで、繰り返しますがフランス語で、彼は次のようにひとりごちたのです。「詩を《fichu》《フイシュ》に変えることが問題だったのだ」。彼はこの文を次のように訳します。《Es《エス》 handelte《ハンデルテ》 sich《ズイッヒ》 darum《ダールム》, aus《アオス》 einem《アイネム》 Gedicht《ゲディヒト》 ein《アイン》 Halstuch《ハルストゥーフ》 zu《ツー》 machen《マッヒェン》.》肩掛けかスカーフかを指しているこの《fichu》《フイシュ》については、後に触れることにします。ベンヤミンがその上に夢でみたというアルファベットの一文字を見て取ることになろうかと存じます。また、これも後で述べますが、フランス語には肩掛け、ショール、女性のスカーフの類《たぐい》を指す単語がいくつかあるものの、この単語《fichu》《フイシュ》は、無造作に選ばれたわけではないのです。

　夜に、人はいつもベッドで、夢をみるのでしょうか？　自分の夢に対して、人は責任を負うのでしょうか？　夢に応えることは可能でしょうか？　私がいま、夢みているとしましょう。とすれば、この私の夢は幸福なものでありましょう、ベンヤミンのみた夢のように。

立って両眼を開き、皆さんに語りかけ、心から謝意をお伝えしたいと思いながら、夢遊病者のごとく、いやそれどころか、自分のために（＝自分に宛てて）用意されたわけでもない褒美《プリ》に手をかけに来た追い剝《は》ぎのごとく、unheimlich《ウンハイムリヒ》〔無気味〕で、亡霊《スペクトロー》めいた身振りで語っているいまこの時もなお、自分があたかも夢みつつあるかのごとく、すべてが過ぎていきます。私は夢みている、そう夢のなかで打ち明けさえしているかのごとく。本当のところ、感謝とともに皆さんにご挨拶しようと試みつつ、私は、夢みていると信じております。たとえ、この追い剝ぎなりこの密輸業者なりが、カフカの物語のように、自分にふさわしくない事態に与《あずか》っているのだとしても、クラスの首席の座に、自分が、族長アブラハム（六）のように、命ぜられたと信じた劣等生がいるとすれば、彼の夢は幸福に思えます。この私のように。

　夢みることと、夢みていると信じることのあいだには、どんな違いがあるのでしょうか？　だいいち、誰にこんな問いを発する権利があるのでしょうか？　それは自分の夜の経験のなかへ深く沈みつつ夢みる者でしょうか、それとも夢をみていて目覚めた者でしょうか？　そもそも、目覚めずして、夢みている者が自分の夢を語ることなどできるものでしょうか？　夢を一般化して、名指すことはできるでしょうか？　夢みている者が、夢なるものの一般を正しく分析したり、ましてや「夢」という語を意識に明瞭に立ち上らせつつ使うことなど、できるものでしょうか？――眠りを中断も裏切りもせず、そう、眠りを歪曲し遺漏することもなしに。

二つの答えが想像できます。哲学者の答えは、断固として「否《ノン》」でしょう。夢について真摯で責任ある言説を紡ぐことはできない、夢を語ることすら目覚めずしては不可能(七)である、と。この否定的な答え、プラトンからフッサールまで、その無数の例をひくことができるでしょうが、この答えこそ、哲学の本質を規定するものかもしれません。この「否」は、哲学者の責任を、目覚めていること、至高の自我、覚醒《ヴィジラント》する意識といった理性の至上命令と結びつけるものです。哲学者にとって、哲学とは何でしょうか？　目覚め《レヴェイユ》と覚醒《エヴェイユ》です。詩人、作家、随筆家、音楽家、画家、演劇や映画の脚本家たちによる答えはおそらくそれとまったく異なるものですが、しかし同様に、責任ある答えです。さらには精神分析家の答えも。彼らは否と言うかわりに、そう、おそらくは、時には、と言うでしょう。そう、おそらく時には、と。彼らは出来事を、出来事の例外的な特異性を受け入れるでしょう。そう《ウィ》、おそらくは《プテートル》、目覚めぬまま夢みていると信じ、自分は夢をみていると告白することもできるのだ——そう、時には《パルフォワ》不可能ではないのだ、目を閉じて、あるいは大きく目を見開きつつ眠りながら、何かしら夢の真実のようなもの、虚無の夜に消え失せてしまわぬに値する夢の意味や理性のようなものを口にすることも、と。

夢みる言説が夢を主題とするさいの、この明晰さ、光、Aufklärung《アオフクレールング》〔啓蒙〕——それについて私が思い浮かべるのは、まさにアドルノです。(八)哲学者の「否」、そして詩人、作家、随筆家、音楽家、画家、演劇や映画の脚本家、さらには精神分析家の「そう、おそらくは、時にはそれはありうる」とのあいだで、絶えずためらいつづけた人として、アドルノを私は賛嘆し、愛します。「否」と「そう、おそらくは、時には」のあいだでためらいながら、その双方から、アドルノは遺産を相続しました。概念、そして弁証法ですら、特異な出来事を抱き取ることができないことをアドルノは重く受けとめ、この二重の遺産相続が課す責任を果たそうと、彼は全力を傾けたのです。

実際、アドルノは、何を私たちのうちに喚《よ》び起《た》てているのでしょうか？夢と現実との差異、哲学者の「否」が仮借なき厳格さで私たちにわきまえていよと迫る、あの真実は、このうえなく美しい夢を侵《おか》し、毀《こわ》し、「傷つけ」

(beschädigt《ベシエーディヒト》)、その上に染みと汚点（Makel《マーケル》）の署名を書き込みこれを奪い《デポゼ》（九）にやってくるのだ、ということです。この「否」、別の意味では哲学が夢と対立させるであろう否定性と言えるもの、それはどんな美しい夢にも永遠に痕《あと》をとどめる傷となるのだ、ということです。

　その点に触れた箇所が、『ミニマ・モラリア』のある一節（一〇）です。私は以下の二つの理由から、この一節を重視するのです。第一に、この節でアドルノは、このうえなく美しい夢が、現実性（Wirklichkeit《ヴィルクリヒカイト》）に照らせば夢とは純然たる仮象（Schein《シャイン》）であると私たちに教える覚醒《エヴェイエ》した意識のせいで、どれほど損ねられ、侵され、引き裂かれ、「傷つけられ」（beschädigt《ベシエーディヒト》）、毀されてしまうのか、を語っています。しかるに、アドルノがこの傷痕を表わすのに使う単語《beschädigt《ベシエーディヒト》》とは、まさしく『ミニマ・モラリア』の副題、すなわち『Reflexionen《レフレクスイオーネン》 *aus*《アオス》 dem《デム》 beschädigten《ベシエーディヒテン》 Leben《レーベン》〔傷ついた生活からのさまざまな省察〕』

に現われる語にほかならないのです。毀され、侵され、傷つけられ、引き裂かれた生「に関する省察」、ではありません。《aus《アオス》 dem《デム》 beschädigten《ベシエーディヒテン》 Leben《レーベン》》とは、そうした生「以後の、あるいはこの生を出発点とする省察」、を意味します。ホルクハイマー（一一）にささげられた献辞が、「亡命下の知識人」の私生活と苦悩に満ちた生に、この書物の形式が何を負っているのか（ausgegangen《アオスゲガンゲン》 vom《フォム》 engsten《エングステン》 privaten《プリヴァーテン》 Bereich《ベライヒ》, dem《デム》 des《デス》 Intellektuellen《インテレクトウエレン》 in《イン》 der《デア》 Emigration《エミグラツイオーン》）、教えてくれています。

また私は、今日、『ミニマ・モラリア』のこの一節を、アドルノ賞を創設して、彼のある種の精神を尊重している人びとへの感謝のしるしとしたい、との思いから選びました。アドルノならではの仕方で、そして、まさしくこれこそ彼の最も見事な遺産なのですが、この演劇的断章は、たった一幕で、同じ一場で、哲学を哲学以外のあらゆるものが待ち受ける法廷へ出頭させています。夢、音楽（シューベルトで代表されています）、詩、演劇、そしてここではカフカが代表する文学を前に、哲学は答弁しなければならないのです。

「たとえどんな悪夢であっても、夢のさなかに目が覚めると、これからいよいよ佳境に入ろうとしていたのにそれを見損ねたような失望感を味わう。しかしお誂《あつら》え向きに楽しい夢などというものがありえないのは――シューベルトの言葉にあるように――、およそ陽気な音楽などというものはないのと似たようなものである。この上なく美しい夢でさえ、現実とのずれ、それによって与えられるものがたんなる仮象にすぎないという意識が、一つの汚点のように（wie ein Makel）こびりついている。だからこそ、美しい夢に限って、どこか傷つけられたもののような（wie beschädigt）ところがあるのだ。こうした経験を比類のない筆致で書きとめたのが、カフカの『アメリカ』のなかのオクラホマ野外劇場を描写したくだりである」

カフカの『アメリカ』のこのオクラホマ野外劇場のくだりは、[一二] アドルノに取り憑《つ》いて離れませんでした。とくに、アメリカでの諸々の実験的探求、すなわちジャズ、音楽のある種の物神化された性格、そして文化産業が提起しているさまざまな問題を取り上げた自分の仕事に彼が言い及んだときに――アドルノみずからそう言明しているように、彼の批判理論が、『複製技術時代の芸術作品』のベンヤミンへの返答たろうとしたときには。[一三] ここでのベンヤミン批判の適否については、他の多くの場合も同様ですが、措《お》くことにしましょう。それを別としましても、今日の私たちは、かつてないほど、アドルノの批判の意味を熟慮する必要があると思われるのです。文化のある種の商品化を分析していながら、この批判はまた、同時に、資本、サイバースペース市場、複製、グローバルな集中化、所有などの構造的変容も予告しています。

どんな悪夢（今世紀の幕開けから先週に至るまで、その歴史上の例は無数に引いてこられるでしょう）であったとしても、そこから目覚めると、私たちは失望感を味わいます。というのも、目覚めた時に意識が私たちへ隠し、いやそれどころか、ふたたび昏《ねむ》りに落ちゆくままにさせる可能性のある代替不能なもの、何かしら一片の真理なり意味なりを、夢は、それを考えよと私たちに差し出してくれていたかもしれないからです。目を覚ましているよりも夢のほうが覚醒《ヴイジラン》しており、意識よりも無意識のほうが思考し、哲学よりも文学や芸術のほうが哲学的で、ともかくも、より批判的であるかのごとく。

夜、私は、はじめに夢があったかのごとく、皆さんへ語りかけます（＝私を送り届《アドレス》けます）。夢とは何でしょうか？　夢の思考とは何でしょうか？　夢の言語とは何でしょうか？　想像的なものにもユートピアにも屈せず、したがって義務放棄的でも、無責任でも、逃避的でもない夢の倫理、夢の政治というものはありうるでしょうか？　ふたたびアドルノが、正確に言えば、アドルノのもう一つの文章が、こう切り出す私を助けてくれます。私の胸に迫る言葉です。私はしだいに頻繁に、おそらくはあまりに頻繁に、不可能なものの可能性を語るようになりました。この文章でアドルノは、文字通り不可能なものの可能性について、すなわち、「不可能なものの可能性というパラドクス」(vom《フォム》 Paradoxon《パラドクソン》 der《デア》 Möglichkeit《メークリヒカイト》 des《デス》 Unmöglichen《ウンメークリヒエン》)を語っています。それだけにいっそう、この言葉は、私の胸に迫るのです。『プリズメン』所収の「ヴァルター・ベンヤミンの特徴を描く」の末尾で、一九五五年に、アドルノは次のように書いています。私はこの文章を、座右の銘にしたいと思っています。少なくとも私の生の「最後に」、はてなく反復されうる最後の時に。(二四)

「不可能なものの可能性というパラドクスのなかで、彼〔ベンヤミン〕にあっては最後に神秘主義と啓蒙主義が出会った。彼は夢を裏切らないために（ohne ihn zu verraten）、夢を放棄したのであって、パラドクスなどというものはあるべきではないと、一致団結して唱える哲学者たちとの共犯にくみすることはしなかった」（二五）

不可能なものの可能性［die《ディ》 Möglichkeit《メークリヒカイト》 des《デス》 Unmöglichen《ウンメークリヒエン》］と、アドルノは言います。「哲学者たちの一致団結」、すなわち、最初に断ち切るべき共犯関係に惑わされてはならない、この共犯関係とは、わずかでもものを考えようと望めば、まさしくそれに不安を抱くことを出発点にしなければならぬはずのものではないのか。夢を放棄しなければならない、夢を裏切らないために

(ohne《オーネ》 ihn《イーン》 zu《ツー》 verraten《フエアラーテン》)。「夢のげてもの」(一六)の著者であるベンヤミンに従うならば、それこそが、私たちの義務なのです。目を覚まし、不眠《ヴェイユ》と覚醒《ヴィジランス》とを培《つちか》うと同時に、夢の意味に注意し、夢の教えとその明晰さを堅く信じ、何かを夢が私たちに差し出すとき、それが不可能なものの可能性である場合はとくに、何を夢が私たちに考えさせようとしているかに気遣わねばならないのです。不可能なものの可能性とは、夢みられるほかない。しかし、可能なものと不可能なものとの関係についての思考は、すなわち、長年にわたる講義や道程を通じ、私がそれを追って息を継ぎ、時には喘《あえ》いでもきた、両者の関係についての他なる思考は、哲学などよりも、おそらくははるかに夢と親和的でありましょう。目を覚ましながら、しかし同時に、夢に対して、夜番《ヴェイエ》をつとめ続けねばならないのでしょう。私は、不可能なものの可能性から、自分なりの美的、法的、政治的帰結を、引き出してきました。また、この可能性を別の仕方で思考し、思考そのものを別の仕方で思考しようとするために為《な》すべきであろうことから、これらの帰結を引き出してもきたのです。不可分の主権＝至高性なき無制約性のなかで、私たちの形而上学的伝統を支配してきたものの外で。時間、贈与、歓待、赦し、決意、そして、来るべき民主主義など、それら帰結が何であれ。

皆さんへの謝辞を、まだ、申し上げるに至ってはおりません。それにかえて、私はいま、ベンヤミンを語るアドルノの言葉を引用したわけです。二人とも国を追われた者たちです。一人は二度と戻ってこず、もう一人は果たして戻ったのかどうか定かではありません。このすぐ後に、ベンヤミンがアドルノに対するさまを取り上げるつもりです。本日の私の引用の仕方は、しばしば、そんな風になるために……ああ、さて、ここでもアドルノによるベンヤミンの一文の引用が、次のように思うだけの勇気を与えてくれるのです。この場での引用の仕方は、学術的、儀礼的、慣例的なものからかけ離れたもの、あるいはむしろ、また繰り返せば、不安や困惑を与えるunheimlich《ウンハイムリヒ》なものとするべきではないのか、と。先ほど読み上げたテキストの二頁前で、アドルノは、こう書いています。「自分の論文中にでてくる引用は、街道の追い剝ぎのような(wie Räuber am Wege)ものだ、それらは突如現われ出てきては読者からその確信を奪い取ってしまう、という『一方通交路』の文章を、〔ベンヤミンは〕地でいった(wörtlich)[(一七)]」。よろしいでしょうか、本日、皆さんが、偉大な賞の栄誉をお与えくださった、当人には自分がこの賞に値するという確信がもてないでいるこの者は、またつねに、そして引用のさいにはなおさらのこと、彼の友人たちであるには違いない名誉ある数多くの哲学教授たちよりむしろ、「街道の追い剝ぎ」のような者になりかねない男でもあるのです。

私は夢をみています。私は夢遊病者のように歩きます。本日、授かりました大きな厚遇への喜びを、皆さんに聞いていただきたく思いながら、私は、夢をみたと信じ、いまなおきっと、単に追い剝ぎとしてではなく、詩的に、詩人として、皆さんに、お話ができると夢みているのです。私が夢みる詩、それはきっと、私には可能ではありますまい。そもそも、どんな言語で、私に、それを書き、歌うことができたでしょう。夢みることができたでしょう。一方では歓待の掟、すなわち感謝を込めて皆さんの言語で皆さんに語りかけるべき客人の欲望、そして他方ではフランス語という、それなしには自分を失い、これまでになく、さらに亡命者となってしまう固有言語への、どうしようもない私の愛着、この二つのあいだで、私は引き裂かれる《パルタジェ》ことになりましょう。というのも、哀れみで痛みを覚えるほど、私が真にアドルノと理解し分有しあう《パルタージュ》もの、それは、おそらくは彼の言語への愛であり、さらに言えば、彼に固有な言語と本来なるはずであったものへの、一種のノスタルジアだからです。原初のノスタルジア、言語の歴史的な、または実質的な喪失に先立つノスタルジア、いわゆる母語、あるいは、父の語と身体的接触をする年齢をなお生きている、生来のノスタルジアです。あたかも、この言語がすでに幼年期に、すでに最初の一語とともに、失われてしまったかのように。あたかも、この破局が反復を宿命づけられているかのように。あたかも、歴史の各節目でこの破局が舞い戻りかねないかのように。アドルノにとっては、それがアメリカ亡命でした。《Was《ヴァス》 ist《イスト》 deutsch《ドイチュ》〔ドイツ的とは何か〕》という伝統的な問いに、アドルノは、一九六五年に答えています[一八]。このなかでアドルノは、一九四九年、アメリカからドイツへ帰還したいとする彼の欲望は、まずは言語によって誘発されたのだ、と書いています。「ドイツへの帰国の決意は、主観的欲求や郷愁によって動機づけられる（vom Heimweh motiviert）ほど簡単だったのではありません。客観的動機もあったのです。すなわち言語です（Auch ein Objektives machte sich geltend. Das ist die Sprache.）」。

この欲望のうちに、ノスタルジアを超える何かがあった、主観的な情動とは別な何かがあったのは、なぜでしょうか？　なぜアドルノは、自分がドイツに帰還したわけを説明するにあたって、言語を根拠としたのでしょうか？　しかも、言語は、ここでは「客観的」理由であるらしいのです。アドルノによるその答えは、世界、ことに建設中のヨーロッパにおいて、言語の他なる倫理、政治、経済《エコノミー》＝配分構造、その環境思想《エコロジー》＝家郷論が何か、明確にしようと努めているすべての人びとにとって、模範的な答えとなるに違いありますまい。すなわち、固有言語一般の詩的性質を、その棲《す》み家《か》、そのオイコスを、(一九)いかに培えばよいのか？　地域レベルのものであるか、国家レベルのものであるかを問わず、言語的差異を、いかに救出できるのか？　それと同時に、情報伝達言語の国際的覇権（アドルノにとって、すでにそれは英米語でした）に、いかに抵抗するか？　純粋に機能的かつ情報伝達的な言語の道具的功利主義に対して、いかに立ち向かうのか？　それも、ナショナリズムや国民国家主義、国民国家主権主義に陥ることなしに。また、アイデンティティを求める反動や、旧来の主権主義、共同体主義、差異主義的イデオロギーに、これら錆《さ》びついた旧来の武器を与えてしまうことなしに。

　アドルノは、実際、時には危険なまでに、複雑な議論に身を投じました。この彼の議論を主題に、二十年近く前になりますが、私は、あるセミナーで、長く激しい討議を交わしたことがあります。セミナーの主題は「ナショナリズム」であり、「カント、ユダヤ人、ドイツ人」であり、ワーグナーの「Was《ヴァス》 ist《イスト》 deutsch《ドイチュ》〔ドイツ的とは何か〕」であり、そしてまた、謎めいた鏡像性や大いなる恐るべき歴史の鏡を綽名《あだな》して、私が当時、「ユダヤ・ドイツ・プシシェー」と呼んだものでした。(二〇) ここでは二つだけ、アドルノの議論の特徴＝描線を取り上げることにします。

A．第一の特徴は、ドイツ語の特権性を、古典的な仕方で強調するものでありましょう。なかには、不安を惹起する仕方だと言う人もあるでしょうが。それは哲学、そして哲学を文学と結びつけるものに関する、ドイツ語の二重の特権性です。アドルノは記しています。「ドイツ語は明らかに哲学との特殊な親和力 (eine besondere Wahlverwandtschaft zur Philosophie) を持っています。西洋がしばしば、理由がないわけでもなく、危険なほど晦渋だとまで非難する思弁との親和力を」。ヘーゲルの『精神現象学』や『論理学』のような高度の哲学書の翻訳が困難だとすれば、それは、ドイツ語では哲学的概念が、幼年期より知悉しているべき自然言語に根ざしているからだ、とアドルノは考えます。ここから、哲学と文学とのあいだの根本的な結びつきが生まれます。根本的というのは、この結びつきが同一の根、すなわち幼年期の根から培われているからです。ウルリッヒ・ゾンネマン(二一)を引用して、偉大な哲学者で、また偉大な著述家でなかったものはいない、とアドルノは言います。彼はなんと正しいことでしょう！　さて、彼が繰り返し取り上げた主題であった幼年期について言えば、そして幼年期の言語について言えば、アドルノがこの主題に立ち戻った箇所が、ユダヤ人と言語に関する、短い二つの有名な箴言の直後であるのは偶然でしょうか？　《Der《デア》 Antisemitismus《アンティゼミティスムス》 ist《イスト》 das《ダス》 Gerücht《ゲリュヒト》 über《ユーバー》 die《ディ》 Juden《ユーデン》》《Fremdwörter《フレムトヴェルター》 sind《ズィント》 die《ディ》 Juden《ユーデン》 der《デア》 Sprache《シュプラーヘ》》(「反ユダヤ主義はユダヤ人についての風評である」「外来語は言語におけるユダヤ人である」(二二))。そして、「身も世もあらぬ悲しみ」(fassungslose《ファスングスローゼ》 Traurigkeit《トラオリヒカイト》)に触れた直後、自分が引きずり込まれた「憂鬱な気分」(Schwermut《シュヴェーアムート》)をアドルノが綴っているのも、それでは偶然でしょうか？　この憂鬱な気分のなかで、幼年期の言語がおのずと——アドルノ自身がこの言葉を使っているのですが——「目を覚ます」のを見ているほかなかったと彼は言います。もっと正確に言えば、まるで、自分が覚醒夢、白昼夢を追い求めるかのように、幼年期の、母語の方言が目覚めるのをただ見ているほかなかった、と。みずからの母語の方言、アドルノはそれを故郷の町で、彼がVaterstadt《ファーターシュタット》〔父の町〕と呼ぶ町で話していたのです。Muttersprache《ムッターシュプラーヘ》〔母語〕とVaterstadt《ファーターシュタット》。

「身も世もあらぬ悲しみに沈み込んでいたある夜のこと（An einem Abend der fassungslosen Traurigkeit）、わたしは自分が変てこりんな接続法を用いているのにふと気がついた。それはわたしの生まれたフランクフルトで行なわれている方言であり、それ自体まともな標準語とは言えない動詞の接続法なのであった。わたしはなつかしいこの誤謬の言葉を低学年の学童だった頃を境に以後ずっと耳にしたことがなかったし、まして自分で使ったことはなかった。わたしを幼年期の奈落まで（in den Abgrund der Kindheit）ずるずると引きずり込んだ憂鬱な気分（Schwermut）が、この底で待ち構えていた無力な旧知の音声を目覚めさせたのだ（weckte auf dem Grunde den alten, ohnmächtig verlangenden Laut）。この言葉は、現在のわたしという人間を無視して、逆境がわたしになめさせたかつての恥辱を、こだまのように記憶のうちに甦えらせたのであった」

　夢や詩的固有言語、憂鬱な気分、また「幼年期の深淵」、すなわち皆さんに聞いていただいたように、声や語の秘やかな共鳴の音楽が鳴り響く奥底（Grund《グルント》）の深みにほかならぬ《Abgrund《アップグルント》 der《デア》 Kindheit《キントハイト》》。アドルノ自身の名前の奥底（二三）でそうしたように、これらの声や語は、私たちの内で待ち構えているのです、しかし力なく（auf《アオフ》 dem《デム》 Grunde《グルンデ》 den《デン》 alten《アルテン》, ohnmächtig《オーンメヒティヒ》 verlangenden《フェアランゲンデン》 Laut《ラオト》）。そして力をもたない、脆《もろ》い、という意味を強調しておきたいこの《Ohnmächtig》《オーンメヒティヒ》。時間が許さないため、この復元作業はほんのわずかにとどめておくしかありません。伝統的解釈の暴力、さらには残酷さから、すなわち、哲学の、形而上学の、観念論の、さらには弁証法の、そして資本主義の臨検《アレゾンヌマン》(二四)から、これらの弱者、脆い者、無防備な犠牲者たちをすべて、ほぼ等しなみに逃れさせようとしたアドルノの思考の論理を、もっと深く探ることもできたかもしれません。無防備な存在のこの裸出《エクスポジシオン》、力のこの剝奪《プリヴァシオン》、この脆き《Ohnmächtigkeit》《オーンメヒティヒカイト》、それは夢、言語、無意識であるとともに、動物や子供、ユダヤ人、異邦人、女性でもありましょう。この「無防備である」という点では、ベンヤミンほどではなかったとしても、しかしハーバーマス(二五)がアドルノの思い出に捧げた書物のなかで語るところによれば、アドルノ自身もまた、そうでありました。

「アドルノは無防備な状態におかれていた。つまりこの『テディー坊や』に対して、人びとは無造作にあくまで『良識ある』大人としての役割を演じえただろう（後略）。というのも、この成人がもつ免疫戦術や適応戦術をわがものとすることは、アドルノにはどうしてもできなかったのである。すべての組織のなかで、彼は異邦人だった。といってもそれは、あたかも彼がそれを望んだかのように思われる、異邦人のあり方ではなかった」（二六）

B．私の目にいっそう重要に映るのは、《Was《ヴァス》 ist《イスト》 deutsch《ドイチュ》〔ドイツ的とは何か〕》のもう一つの特徴です。この「ドイツ語のもつ特殊で客観的な本来性＝固有性（eine《アイネ》 spezifische《シュペツィーフイシエ》, objektive《オブイエクテイーヴエ》 Eigenschaft《アイゲンシャフト》 der《デア》 deutschen《ドイチエン》 Sprache《シュプラーヘ》）」の賛歌に続くのは、批判的警戒［mise《ミーズ》 en《アン》 garde《ガルド》］なのです。この批判的警戒という特徴にこそ、ヨーロッパやグローバリゼーションの政治的未来にとって、必要不可欠である防護柵［garde-fou《ガルド・フー》］が認められるのです。すなわち、諸々の言語的覇権とそれらが規定するものに抗して闘うと同時に、不可分の主権＝至高性という存在論的・神学的・政治的幻想と、国民国家主義形而上学の双方を、ともに「脱構築」することから始めねばならない、ということを。アドルノはたしかに、私にもそれが共感できますように、ドイツ語を愛し、その固有言語との原初的な親密さを培いつづけることを望みます。しかし彼は、ナショナリズムなしに、「言語の形而上学」の「集団的ナルシシズム（kollektiven《コレクティーヴェン》 Narzissmus《ナルツィスムス》）」なしに、それを望むのです。あの国語の形而上学、私たちはこの国にもよその国々にもその伝統と誘惑があることをよく知っていますが、あの国語《ラング・ナシオナル》の形而上学に抗するには、「警戒心＝覚醒」なのだ、とアドルノはふたたびこの言葉を口にします。そしてこの「警戒」、夜番《ヴェイユール》＝夜伽《ヴェイユ》する者の油断のなさは「倦《う》むことを知らぬ」ものでなければならない、と。

「〔自国語に対する〕素朴さを喪失した〔亡命からの〕帰国者は、自国語との最も内的な関係と、自国語が促進するいっさいの妄想への倦むことを知らぬ警戒心とを（mit unermüdlicher Wachsamkeit）結合させるべきです。それは、ドイツ語で説明される形而上学の真意なり、形而上学一般についての真実なりが、ドイツ語の形而上学的な過剰（den metaphysischen Überschuss der deutschen Sprache）と私が命名したく思うものによってすでにあらかじめ保証されている、と信仰することに対する警戒心でもあります。わたしが『Jargon der Eigentlichkeit〔本来性という隠語〕』を書いたのはそのためであると、事のついでに告白しても、たぶんお許し願えるのではないでしょうか。（中略）形而上学的言語構造は特権ではありません。深遠な理念であれ、深さを誇るならすぐさまいかがわしいものと堕するのであり、それは形而上学的言語構造には帰しがたいものであります。ドイツ的魂という概念についても同様です。〔中略〕ドイツ語で書き、おのれの思想がドイツ語によって浸透されていることを知るものは、こうした問題に関する、ニーチェの批判を忘却してはならないでしょう」(二七)

この『Jargon《ジャルゴーン》 der《デア》 Eigentlichkeit《アイゲントリヒカイト》〔本来性という隠語〕』への参照は、私たちを、あまりに遠くまで連れてゆきかねません。むしろ私は、この信条告白のうちに新しい Aufklärung《アオフクレールング》〔啓蒙〕の呼びかけを聞き取りたいと思うのです。アドルノは、少し先で、次のように言っています。このドイツ語やドイツ的深遠さ、ドイツ的魂の形而上学的崇拝こそが、啓蒙の世紀を、「浅薄」で「謬見」の時代として中傷させた張本人だ、と。

市長、そして同僚の皆さん、友人の皆さん。私がこの講演のためどれだけの時間を与えられているか訊ねたところ、三人の方々が、三者三様の返答をしてくださいました。思いますにこの返答は、当然ながらの不安、そして欲望から要請されたものです。最初の返答によれば一五分から二〇分、次の返答によれば三〇分、そして最後の返答は三〇分から四五分というものでした。この種の言説の構造《エコノミー》＝配分は何とも残酷なもので、皆さんや、フランクフルトの市と大学や、多くの同僚と友人（とくにハーバーマス教授とホーネット教授）[二八]や、そしてフランクフルトとこの国の、走り書きのようなメモでしか名前を挙げないことをお赦しいただきたい方々へ、この私を結びつけておりますあの恩義にして負債に、私は、まだ触れはじめてさえおりません。この方々の数は、あまりにも多いのです。[二九]まず、今日、ここにいらっしゃるシュテファン・ロレンツァー氏をはじめとする翻訳者の皆さん、学生諸君、編集者諸兄から、一九六八年以来、ベルリン大学、フライブルク・イム・ブライスガウ大学、ハイデルベルク大学、カッセル大学、ボーフム大学、ジーゲン大学、そしてとりわけフランクフルト大学では、昨年の大学に関する講演、またユルゲン・ハーバーマスとの共同セミナー、そしてすでに一九八四年になりますが、ジョイス(三〇)に関する大規模なシンポジウムの三度にわたり、歓待のご厚情を賜っております。

結びの言葉に向けて急ぐ前に、忘れずにお話ししたく思いますのは、ベンヤミンの夢におけるあの《fichu《フイシュ》》であり、このアドルノ賞についての潜在的な書物の目次、もはや私にいつかそれを書くことができるとも、それにいつか値するとも思えない一冊の書物と、賞のことです。ここまで私が皆さんにお話ししたのは、言語と夢、次に夢に綴られた言語、そして夢想言語という、いつも人が話すことを夢みるあの言語でした。今度は、フロイト(三一)以後そう呼ばれるような、夢の言語の番です。

皆さんに、文献学や意味論、語用論の授業を押しつけるつもりはありません。《fichu《フイシュ》》というこの異様な語の派生や用法を追うことはしません。この語は、名詞と形容詞で異なる事柄を意味します。名詞としての《fichu《フイシュ》》、この意味がベンヤミンの文で最も明示的で、それはショール、つまり女性が、大急ぎで、自分の頭や首にまとう布きれのことを指します。しかし形容詞としての《fichu《フイシュ》》、こちらは悪＝災禍を、つまり悪性のもの、絶望的なもの、死を宣告されたものを意味します。一九七〇年の九月のある日、病床で死期の迫っているのを知った私の父は、私に、こう打ち明けました、《Je《ジュ》 suis《スイ》 fichu《フイシュ》（私はもうだめだ）》と。本日、私がかくも好んで夢の話を皆さんにしていますのも、夢というものが、すべての幽霊にして精神《エスプリ》たちの喪や憑依や幽霊性を、亡者《ルヴナン》（たとえばあの育ての親たち、私たちにはなかんずく、彼ら相互の不和まで含んで、ベンヤミンやアドルノがそうでしたし、そしておそらくベンヤミンにとってはアドルノがそうでした）の回帰を最も歓迎する境域の一つだからです。夢はまた、正義の要求や、不屈のメシア的希望を歓待する場所です。《fichu《フィシュ》》と同じ意味では、フランス語では時に《foutu《フチュ》》も用います。(二二) この語は、終末論的《エスカトロジーク》文脈では終焉や死という意味、排泄物趣味的《スカトロジーク》文脈では性暴力の意味として用いられます。時にアイロニーが潜り込むこともあります。《Il《イル》 s'est《セ》 *fichu*《フィシュ》 de《ドウ》 quelqu'un《ケルカン》〔彼は誰々をこけにした〕》といえば、「彼は誰々をばかにした、この者を真剣に扱わなかった、この者に対する自分の責任を遂行しなかった」といった意味になるのです。

ベンヤミンは、長い手紙を、先に述べましたようにフランス語で、グレーテル・アドルノに宛てて、一九三九年十月十二日に、ニエーヴルの志願労働者キャンプから書きました。(二三)

「ぼくは昨晩わら蒲団の上で夢をみたが、それがあまりにきれいだったので、きみに話してきかせたいという気持にさからうことができない。（中略）それはぼくがたぶん五年ごとにみる夢で、『読む』というモティーフを中心に織られている、そういった夢の一つなのだ。認識に関するぼくの省察のなかでこのモティーフが占めている役割のことは、テディーが憶えているだろう」

メッセージは、テディーのほうのアドルノ、つまりグレーテルの夫に宛てられています。ベンヤミンは、なぜ、この夢を、夫ではなく妻に語っているのでしょうか？　なぜ、その四年前、まさしく夢について、「夢の形象」と「弁証法的イメージ」との諸関係について手紙（三四）で書き送ってきた、しばしばアドルノに見られたやや権威的で父親気取りの批判（三五）に対して、ベンヤミンは、やはりグレーテル・アドルノに宛てた手紙（三六）で返事を書いているのでしょうか？　私は、おびただしい問いの宿ったこの蜂の巣を、眠るまま手をつけずにおきたいと思います。
続く長い話は（これは私自身の解釈上の選択になりますが）、ベンヤミンが父から遺贈された、上のほうに大きな裂け目があり、しかも裂け目の縁のところには「赤い色のあと」が残った「麦わら帽」、「パナマ帽」、次いで、女性たちを場面にふたたび据えています。その一人は筆相判断にふけっており、ベンヤミンが以前に書いたものを手にしているのです。ベンヤミンは近寄り、次のように言います。

「ぼくの目に映ったのはいくつかの絵がかいてある一枚の布だったが、ぼくに見分けられた図柄といえば**d**という文字の上の部分だけで、その細長く伸びた線は精神性に対するはげしい憧れをあらわしていた。dというこの字のこの部分にはそのうえ青い縁のついた小さなヴェールがかかっており、そのヴェールは微風に吹かれでもしているように図柄の上でふくらんでいた。それがぼくの『読む』ことのできた唯一のものだ。（中略）会話はちょっとのあいだ、この文字をめぐって行なわれた。（中略）ある瞬間に、自分が、文字通り次のように言ったことは知っている。『詩を《fichu》に変えることが問題だったのだ（Es handelte sich darum, aus einem Gedicht ein Halstuch zu machen）』。（中略）女たちのなかに、ベッドに寝ているとてもきれいなのがひとりいた。彼女は、ぼくの説明の文句を耳にすると、稲妻のようにぴくっと身を動かした。それからベッドのなかで、自分の身を覆っている毛布の端をつまんで広げた。（中略）それは、ぼくに彼女の身体を見せるためではなく、そのベッドのシーツの模様を見せるためだった。その模様というのは、何年も前にドースに贈るためにぼくが『書く』べきであったものに似た図柄を示していたにちがいない。（中略）

この夢を見たあと、ぼくは何時間も眠ることができなかった。それは幸福な時間だった。そして、その時間をきみに分けてあげるために、こうして筆をとっているわけだ」

「人はいつもベッドで夢をみるのでしょうか」、私は初めに、そう問いました。ベンヤミンは、グレーテル・アドルノに書き送ったのです、志願労働者キャンプから差し出されたこの手紙で、なるほど彼にあてがわれたワラのベッドの上で。「ベッドに寝ている」女性、「とてもきれいな」、「そのベッドのシーツの模様」を広げて見せている女性の夢をみた、と。この模様は、署名か略書のようなベンヤミン自身の筆跡を示していました。ベンヤミンが《fichu》《フイシュ》の上に見つけたこのdについては、あれこれ思いをめぐらすほか仕方ありません。dとは、マラリアに罹《かか》ったベンヤミンを看病したことがあり、この夢のなかでは、ベンヤミンが以前に書いたと言っている何かを女の一人に与えたドース博士[三七]の頭文字かもしれません。ベンヤミンは、手紙のなかで、「読む」と「書く」という語を括弧に入れて強調しています。しかしまた、他にも仮説や頭文字はさまざまあるとしても、この**d**は《Detlef《デートレフ》》の頭文字を指すのかもしれません。ベンヤミンは、親しい相手との手紙には、時に《Detlef《デートレフ》》という署名を使っていました。また、自分の筆名のいくつかで彼が使用したのもこのファーストネームでした。たとえば一九三六年、スイスへの移住の際、これも書簡体の書物『Deutsche《ドイチエ》 Menschen《メンシエン》〔ドイツの人びと〕』[三八]に、ベンヤミンが署名したさいの政治文書用の彼の筆名、《Detlev《デートレフ》 Holz《ホルツ》》がそれにあたります。ベンヤミンは、グレーテル・アドルノ宛の手紙には、いつも《Detlef《デートレフ》》と署名し、時には《Dein《ダイン》 alter《アルター》 Detlef《デートレフ》〔きみの昔なじみのデートレフ〕》と明記しています。ならば、ベンヤミンが読みかつ書いたこの文字**d**《デ》とは、彼自身の署名の頭文字を示すかもしれません。あたかも《Detlef《デートレフ》》が懸命にこう仄《ほの》めかしているように。《Je suis le fichu《ジュ スイ ル フイシュ》〔私は fichu《フイシュ》だ〕》と。さらには、《Moi, d, je suis fichu《モワ デ ジュ スイ フイシュ》〔この私d《デ》はもうだめだ〕》と。志願労働者キャンプから送られた、自殺まであと一年も残さぬある日の、私はもうだめだと語るあらゆる滅ぶ者と同じ仕方の、夢の言語による言葉。「この私**d**《デ》はこれからは fichu《フイシュ》と呼ばれるものとなる」という、詩的で、予兆的な象形文字を、そうと知らず、そう知りつつ、ベンヤミンは夢みたのかもしれません。自殺に先立つこと一年にも満たぬある日に、彼にとって最後となる誕生日、私と同じ七月十五日の誕生日を祝い、ニューヨークから手紙を書いてきたアドルノに宛て、礼状を綴る(三九)日に先立つこと数か月前に。さて、以上のすべては、署名者がそれを知り、グレーテルにそう語るように、フランス語をおいてほかには語られることも、書かれることも、読まれることも、またこうして夢に署名され、解読されることも、できません。「この夢の終わりのほうでぼくがはっきりと口にした文句は、フランス語だった。だからきみにこの話をフランス語でする理由が二重にあるわけだ」。いわゆる翻訳によっては、これについてうまく帳尻をあわせること、包み隠さず人に見せられるような決算書を作り上げることは、けっしてできないでしょう。フランス語では、同じ人物が、矛盾なく同じ瞬間に、《fichue《フィシュ》〔死にかけ〕》、《bien《ビアン》 fichue《フィシュ》〔身なり良く〕》、《mal《マル》 fichue《フィシュ》〔気分が悪い〕》ことが、同時にありうるのです。しかしながら、固有言語を尊重しつつもなお、これら固有言語のあいだに、知が行き交う通路《パサージュ》を拓《ひら》くことは可能です。この交通路は、ひいては翻訳しえぬものの側から呼び求められ、懇願されるもの、普遍的に望まれうるものであるとさえ、言えるのです。たとえば、大学や教会での褒賞《プリ》（＝祈り）の日がそれです。とくに、ヴェルナー・ハーマッハー教授(四〇)よりご口授いただきましたように、この賽《デ》の一振りにあって、夢のねらう別の賽目が、ベンヤミンの最初の妻の名、そして、当時重篤の病を患っていた彼の妹の名であるDora《ドラ》(四一)かもしれないという可能性を拒絶しないのならば。この語は、ギリシア語で、擦り傷や掻き傷のついた使い古しの皮を意味しているのです。

ベンヤミンを、その後、眠らぬままにさせたこの夢は、フロイトの語る法則に逆らうように思われます。このもう一人のユダヤ系移民は、次のように主張したのでした。「われわれは全睡眠状態を通じて、われわれが眠っているということをはっきり承知しているのとまったく同様に、われわれが夢をみているのをはっきりと承知しているのである (wir den ganzen Schlafzustand über ebenso sicher wissen, dass wir träumen, wie wir es wissen, dass wir schlafen)」。無意識を統治支配する系《システム》の究極的な欲望は、眠りたいとする欲望、眠りのなかに引きこもろうとする欲望である（《...während sich das herrschende System auf den *Wunsch zu schlafen* zurückgezogen hat ...》)(四二)、と。

何十年も前から、私は夢のなかで、誰かが話でもしているように、声の数々を聞いています。それは、時に友の声であり、時に他なる声です。これらの声は、私のなかにあります。どの声も、私にこう言っているように思えます。なぜおまえは、自分の仕事とアドルノの仕事との親近性を、本当のところを言えば、アドルノに対するおまえの負債を、はっきり、公然と、きっぱり認めないのか？　おまえはフランクフルト学派の継承者ではないのか？

私の内と私の外にあって、答えは複雑なまま、なるほど部分的には潜在的なままでとどまってゆくでしょう。ですが、今後はもう——この点についてもまた、私は、皆さんに、慈悲を乞いつつ感謝の言葉を申し上げます——、あたかも、これらの声が聞こえないかのようにすることはできません。数々の影響や、系譜や遺産、さらには抵抗の風景が、永遠に責苦に満ち、迷路か、あるいは、おそらくこの場合には類のないほど矛盾に満ち、多元的に決定された風景となることでしょうが、底知れぬ《アビサル》ものでこれから先もありつづけるとしても、皆さんのおかげで、私は、今日、アドルノへの自分の負債を、一つならずの理由から、肯定することができる、「然り《ウイ》」と。そう言う義務がある幸福を感じているのです。たとえ、この負債に対してまだ私が応じることも、責任を負うこともできないまでも。

　皆さんから頂戴しましたもの、すなわち、この信頼の徴《しるし》と責任の分与ですが、それに見合うだけの謝意を申し伝えること、私が、それに応え《レポンドル》、それに照応＝通交《コレスポンドル》すること、そうするためには、二つの誘惑を斥《しりぞ》けるべきでありました。そのどちらにも失敗したこと、なにとぞ皆さんのご寛恕を賜りたいと存じます。否認というモードで、私がしないでおきたかったのにそうしたこと、すべきでないのにそうしたことをお話ししましょう。

避けようとして未遂に終わったもの、それは、一方では、ナルシシズム的な自己瞞着でしたし、他方では、皆さんが本日かくも寛大に、私を結びつけてくださっています出来事、すなわち私自身や私の仕事に、さらには国々、文化、言語に結びつけてくださっているこの出来事の、哲学的、歴史的、政治的な過剰評価ないし過剰解釈であったのです。いま述べたこれらのうちにこそ、たとえそれがいかにも不実で周縁的な歴史にとどまるとしても、私の慎ましい歴史は根を下ろしている、あるいはまた、その糧《かて》を得ているのです。この賞の歴史、可能性、その恩恵を解釈するために、もしもいつか私が夢みる一冊の本を書くならば、この本は、少なくとも七章から構成されることになりましょう。以下、テレビガイド（＝遠方《テレ》にある計画《プログラム》）式の文体で、仮の章タイトルを挙げることにいたしましょう。

1．ヘーゲルとマルクスからフランスとドイツがそれぞれ相続した遺産の比較史、すなわち戦前と戦後における観念論、とくに思弁的弁証法への両国に共通してみられる拒絶のあり方と、そこに明確に見られる両国の差異について。およそ一万頁に及ぶこの章では、とくに「限定的否定」、主権＝至高性、全体性と分割可能性、自律性、物神化《フェティシスム》の概念（アドルノがある種の「文化批判」［Kulturkritik《クルトゥーアクリティーク》］において、（四三）正当にも「文化概念」の物神化と呼んだものも含めて）を通して、そして、Aufklärung《アオフクレールング》〔啓蒙〕と啓蒙主義［Lumières］という、ドイツという場の内部における、しかしまたフランスという場の内部における諸々の論争や境界線のような、異なる概念を通して（この二組の集合は、それぞれの国の縁取りの内部で思うよりも遥かに交雑しており、このことから、多くの遠近法上の錯覚が生じています）、私は批判と脱構築の差異を取り上げることになるでしょう。ナルシシズムを押し黙らせるためにも、いわゆるフランス的な、とくに大学的な教養＝文化に自分が所属しないがゆえの私の逸脱には言及せずにおきたいと思います――なるほど、私自身がそこに登録＝書き込まれていることはよく承知していますものの。この点に言い及べば、皆さまへ向けたこの短い演説はあまりにも複雑になります。

2. ハイデガーの受容と遺産に関する、両国の政治的悲劇を通して眺められた比較史。ここでもまた私はおよそ一万頁ほど割き、この決定的な争点に関し、少なくともアドルノのそれと同じほど黙して語らぬものの、いずれにせよ根本的に脱構築的である私の戦略が、いかなる点において一つの道を辿り、そしてまったく別の諸要求に応えているか示そうと試みながら、フランスとドイツ双方の戦略の近さと違いは何かを指摘するでしょう。これと同時に、ニーチェとフロイト双方の遺産、さらに進めばフッサールの遺産、さらに遠くに進めばべンヤミンの遺産を再解釈する必要があるでしょう（グレーテル・アドルノがまだ存命であったならば、テディーとデートレフの関係はどうだったのか彼女に親展の手紙を書くことでしょう。ベンヤミンがどうしてかけがえ《プリ》のない（＝賞をもたない）存在だと思われたかを彼女に尋ね、私なりのそのいくつかの仮説を彼女にお伝えするでしょう）。

3．精神分析への関心。精神分析は、ドイツの大学哲学者の多くにとっては無縁のものですが、私の同世代や、すぐ直前の世代のほぼすべてのフランスの哲学者は、この関心をアドルノと分有してきました。ここでとりわけ強調すべきなのは、フロイトを読むにあたって、反動《レフレクティヴィテ》に陥らず、不正も犯さずになされるべき政治的な覚醒＝監視でしょう。「快感原則の此岸」と題された『ミニマ・モラリア』の断章を、最近、私が「快感原則の彼岸の彼岸（四四）」と呼んだところのものと、私は交錯させてみたかったと思います。

4．アウシュヴィッツ以後。この名が何を意味しているにしても、この主題に関するアドルノによる諸々の見解（ここでそれを分析することはできません、あまりにも数が多く、多様で、かつ複雑ですから）から口火を切られた論争が何であるにしても、あるいはまたアドルノに賛成しようと反対しようと（私がここでたった数行の論議で何らかの自分の立場表明を行なうとは期待しないでいただきたいのです）、アドルノの否定しようもない功績とは、これからも彼の署名がそこにずっと書き入られることになろう一回性の出来事とは、多くの思索者、作家、教師、芸術家たちを、自分たちの責任に目覚めさせたことにあるのです。アウシュヴィッツが、いまもなお、その取り替えのきかぬ固有名であるとともにまた、その換喩でありつづけているもの全体を前にした責任に。

5．一方ではハンス＝ゲオルク・ガダマー（四五）やユルゲン・ハーバーマスのような、私にとって敬愛する友人たちでもあるドイツの思想家たち、他方では私と同世代のフランスの哲学者たち、これら両者の間に起きた（ごく最近では、多くは過去のこととなりつつあるものの、いまだ終結したわけではない）数々の抵抗と誤解に見られる、さまざまな差異を主題にした歴史。この章で、私は、双方の（直接ないし間接の、明示的ないし暗示的な）論調には多くの差異が見られるにもかかわらず、どちらも決まって次の諸点の解釈と、ひいてはその可能性をめぐって誤解が起こっていることを示したいと思います。すなわち、誤解、誤解という概念、争意《ディセンサス》、他者、出来事の特異性が、それです。だが、またそれは、結局のところ、言語の否定しがたい必要不可欠の働き、すなわち言語の情報伝達的な了解可能性を超えた、固有言語の本質、言語の本質の解釈と可能性をめぐっての誤解なのです。言語についてのさまざまな誤解は、そのものとしては過去のこととなりました。しかし、時にはいまもなお、単に言語には限らない、伝統や国家、制度、また、時には個人的特異性や個性、意識あるいは無意識へと及ぶ、固有言語の効果を通じて起こっているのです。誤解に関するこれら諸々の誤解が、たとえ払拭されたとは言えないまでも、友愛的な和解の雰囲気のなかで今日薄らぎつつあるとすれば、単に、両国の哲学者たち、しばしばこの国の最も若手の哲学者による、さまざまな立場からの仕事や読解、誠意や友愛に敬意を捧げるだけでは足りないのです。考慮すべきなのは、ひとりヨーロッパのみにとどまらぬ未来、かかる未来を前にして分有される政治的責任という意識のひろがりなのです。責任のこの分有とは、とりもなおさず、政治はもちろん、政治的なものの本質、創出すべき新たな戦略、共同で取るべき立場、そして（国家やそれ以外の）主権の論理とそのアポリアにまで関わる議論や討議、決定の積み重ねとしてあるのです。この主権は、もはや、資本主義と世界市場の新たな形態や、ヨーロッパの新たな形姿、さらにはその新たな創設を前にして、それを真理として受け入れることも、単に誤謬として打ち捨ててしまうこともできなくなっています。忠実なる不実の精神に即して、新しいヨーロッパは、この百年間に診断されたさまざまなヨーロッパ精神の「危機」が表象したものとは異なるものとなるべきでしょう。だが、同様に、アメリカや中国の単なる経済的、軍事的競争相手としての「超国家」とも異他的であるべきなのです。

九月十一日という日付(四六)は、以下の点を、ニューヨークやワシントンで、初めて告げ知らせたというよりもむしろ、あらためて、私たちに思いおこさせたのではないでしょうか。すなわち、これら諸々の責任が、かくも特異なもの、先鋭的なもの、必然的なものとなったことはなかった、と。異他なるヨーロッパの思想が、かくも切迫したことはありますまい。そして、この思想が、脱構築的な批判に参加を要請する《アンガジエ》のです。すなわち、政治家の修辞、メディアと電気通信技術の権力、自発的ないし組織的な世論動向のなかでも、最も正統で揺るぎなき真理と目された戦略を通して、形而上学、資本主義的投機、宗教的、ナショナリズム的な心情の倒錯、そして、主権主義幻想へと政治を癒着せしめるあらゆるものに対して、醒め、目覚め、覚醒＝監視し、注意を怠らない批判です。ヨーロッパの外で、またヨーロッパの内で。ありとあらゆる縁《ふち》で。贅言は費やせませんが、この点は断固として言わせていただきます。ありとあらゆる縁で、です。九月十一日の犠牲者全員に対し、私は絶対的な同情を寄せますが、それでも、この犯罪について、何人《なんびと》も政治的に無実であったなどとは信じていない、と申し上げなくてはなりません。無実の犠牲者に対する私の同情は無限ですが、それは、この同情の対象が九月十一日にアメリカで亡くなった人びとだけにとどまらないからです。それが、ホワイトハウスのスローガンとして先日来

「無限の正義」（infinite justice, grenzenlose Gerechtigkeit）と呼ばれているもの（四七）に関する私の解釈です。すなわち、自己の過失、自己の政治的な過誤から逃れようとしないこと。たとえ、途方もない規模で、この上もなく恐ろしい代価《フリ》を払うこととなった時であろうと。

6．文学の問題は、言語とその諸制度の問題と切り離せない以上、この歴史のなかで決定的な役割を演じることになります。仕方は違っても、フランスの他の哲学者たちと同様に、私がアドルノと最もたやすく分有してきたもの、さらには、私がアドルノから迎え入れたもの、それは、文学への関心であり、そして、文学が他の諸芸術と同様に、大学哲学という場にあって、批判的な仕方で脱中心化しうるものへの関心です。ここでもまた、フランスとドイツ両国での関心の分有と、文学、また関連の音楽、絵画、そして映画にまで及ぶ両国の資料体の差異を考慮すべきでありましょう。その際に、アドルノによって引用されているように、カンディンスキーが階層秩序を設けることなく《Farbtonmusik《ファルプトーンムズィーク》〔色調音楽〕》、「色の響き」と名づけたもの(四八)の精神に注意を払わねばなりません。

以上の点は、戦前と戦後、大学の内外でなされた独仏間の相互読解の歴史や、翻訳の政治学、出版文化市場と大学を取り結ぶ関係の政治学へと私を導いてゆきます。これらはどれも、いまなお、時にアドルノにきわめて近いスタイルで行なわれるべきでしょう。

7. 最後となる章は、私が、最も楽しみつつ書く部分になります。この章は、これまで人の通ることのほとんどなかった道を辿って進むのですが、しかし私の目には、アドルノの来るべき読解において最も重要なものの一つであるように思われるからです。ここで取り上げるのは、いわゆるAnimal《アニマル》〔動物〕の問題ですが、私には、この総称的な単数形がいつも不愉快でした。あたかも、動物とは単数でしかないかのようです。私はこの章で、ホルクハイマーとの共著によりアメリカで執筆された『啓蒙の弁証法――哲学的断想』や、また『ベートーヴェン――音楽の哲学』(四九)のなかから、従来さほど注目されてこなかったアドルノの草案や示唆を取り上げるつもりです。私が示したいと思いますのは（すでによそで試みたこともあります）、動物と呼ばれる、あの他の生きものたちとの共生にあたり、今後、あくまで慎重に展開させてゆくべき前提が、少なくとも、私たちの必要としている思考と行動の転回の仄かな光がそこにある、ということです。アドルノは、この新たな、批判的エコロジー――私ならばむしろ脱構築的と呼ぶでしょうが――は、しばしば互いに敵対し、時に同盟する二つの恐るべき力と対決しなくてはならないことを、よく承知していました。

一方には、観念論、人間主義という、哲学の最も強大な伝統の力があります。アドルノが明言していますように、自然に対する人間の至上性、支配(Herrschaft《ヘルシャフト》)は、実際には「動物に対して向けられる」(Sie《ズィー》 richtet《リヒテット》 sich《ズィッヒ》 gegen《ゲーゲン》 die《ディ》 Tiere《ティーレ》)。別の視点からは、強く敬愛するカントの名をとくに挙げ、人間の尊厳(Würde《ヴュルデ》)や自律性というカントの概念には、人間と動物との間にいかなる心遣い＝受苦共同性(Mitleid《ミットライト》)の余地も残されていないと非難しています。続けて、彼は、人間と動物との類似や親縁性を想起させるもの(die《ディ》 Erinnerung《エアインネルング》 an《アン》 die《ディ》 Tierähnlichkeit《ティーアエーンリヒカイト》 des《デス》 Menschen《メンシエン》)ほど、カント的人間にとって憎む(verhasster《フェアハスター》)べきものはないと言います。カント的人間は、人間の動物性に対して、憎悪しか持ちません。ひいては、そこに自分の「タブー」を見るのです。《Tabuierung《タブイールング》》〔タブー化〕という言葉を使うと、彼は、急にさらに一歩先に進みます。観念論的体系にとって、動物は潜在的に、ファシスト的体系にとってのユダヤ人と同じ役割を演じている（《Die《ディ》 Tiere《ティーレ》 spielen《シュピーレン》 fürs《フュールス》 idealistische《イデアリスティッシェ》 System《ズュステーム》 virtuell《ヴィルトウエル》 die《ディ》 gleiche《グライヒエ》 Rolle《ロレ》 wie《ヴィー》 die《ディ》 Juden《ユーデン》 fürs《フュールス》 faschistische《ファシスティッシェ》》）、と。動物は観念論者にとってのユダヤ人であり、観念論者とは潜在的なファシストにほかならないのです。動物を、いやそれどころか人間のなかの動物を罵るとき、ファシズムは始まるのです。真性の観念論（echter《エヒター》 Idealismus《イデアリスムス》）は人間のなかの動物を罵るか、あるいは人間を動物扱いするかにあります。アドルノは、二度にわたって罵り（schimpfen《シムプフェン》）と名づけています。

しかし、他方、別の戦線では、『Dialektik《ディアレクティク》 der《デア》 Aufklärung《アオフクレールング》〔啓蒙の弁証法〕』の「人間と動物」という断想（五〇）の主題の一つがそうでありますように、まったく逆に、ファシストやナチス、総統が公然と主張したかに見える、時に菜食主義まで及ぶ、動物へのあの怪しげな関心の下に隠されたイデオロギーと闘わねばならないのです。

私が夢みる、この歴史の七つの章は、すでに書かれつつあると私は確信しています。本日、私たちが分有しているものが、それをおそらくは確証しています。今日のさまざまな戦争、そして平和は、新しいその歴史家、新しいその新歴史家、ひいてはその「歴史家論争」（Historikerstreit《ヒストリカーシュトライト》）を迎えることでしょう。(五一)しかし、将来いかにして、どの媒体、来るべき解釈学が迎えるどんなシュライエルマハー(五二)〔Schleiermacher〕に差し向けられた、どのヴェールを、織物fichu《フイシュ》 WWWeb〔忌々しきワールドワイドウェブ〕を相手に、この機織《はたお》り術の職（『ポリティコス』のプラトンならばヒュパンテースと呼ぶでしょう）(五三)が格闘することになるのか、私たちは知りません。来るべきヴェーバー(五四)［Weber］が、その上に署名し、そこで私たちの歴史へ署名を書き込み、この歴史を教えようとするであろう fichu《フイシュ》 Web《ウエブ》〔Web《ウエブ》という fichu《フイシュ》〕が何か、私たちには、けっして知ることはできないのです。

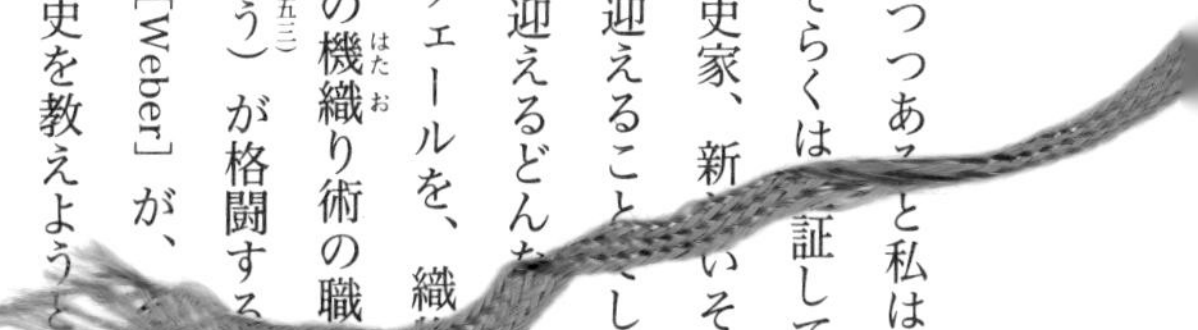

絶対的知の透明な境域にあって、その証言を行なう歴史的メタ言語は、ひとつとして存在しないのです。

「誰も　あの
証人たちのために
証言しない（五五）」（ツェラン）

ご静聴に改めて感謝申し上げます。

注記——原注には★印を付した。★印のないものは訳注である。

（一）ベルンハルト・ヴァルデンフェルス（一九三四年〜）は、独ボーフム大学名誉教授。同大学哲学研究所で「現象学・新フランス哲学研究グループ」を主宰。著書『行動の空間』（一九八〇年）など。一九九七年に同大学の哲学者・精神分析学者H・D・ボンデックと共著で『思考の投入——ジャック・デリダの哲学のために』*Einsätze des Denkens. Zur Philosophie von Jacques Derrida* を刊行。今回のデリダの授賞式にさいしては、ヴァルデンフェルスが受賞者称讃演説を務めた。

(二) 一八九二年、ベルリンの裕福なユダヤ系商人の家庭に生まれたヴァルター・ベンヤミンは、ベルリン大学などで哲学、ドイツ文学などを学び、一九一九年に「ドイツ・ロマン派における芸術批評の概念」で学位を取得。以後、プルーストやボードレールの翻訳のかたわら、文芸批評などのコラムやエッセイを発表する。テーオドーア・W・アドルノとは二三年に出会い、三〇年代以降はブレヒトとの親交を通じてマルクス主義に急接近する。三三年にフランスに亡命したのち、アドルノやマックス・ホルクハイマーらによってフランクフルト社会研究所の研究員に迎えられる。四〇年、ナチスのパリ占領に伴い、米国亡命を試みるが、ピレネー山越え途中に足止めされ、ゲシュタポに引き渡される恐怖から自殺。主要評論は戦後になって編纂、出版された。

(三) 一九三五年、フランス政府は滞在許可証を所持しない外国人を強制退去させ、さらに第二次世界大戦の開始に伴い、三九年九月からドイツ人亡命者の逮捕・強制収容を行なった。その数は二万人に上るという。ベンヤミンは、三九年九月から十一月までのあいだ、最初の十日間ほどをパリ郊外のコロンブ競技場に、続いて、中部ニエーヴル県ヌヴェールの「志願労働者キャンプ」に収容されている。ベンヤミンが、その絶筆となる「歴史の概念について」のテーゼを書き始めるのは、この強制収容所経験の直後である。

★(四) この手紙は、フランスでは二度刊行されている(フランス語、すなわちこの手紙のもとの言語で)。まず、ベンヤミン『書簡集』第二巻(G・ショーレム/T・W・アドルノ注釈付校訂版、ギー・プティドマンジュ訳、オービエ・モンテーニュ社、一九七九年)、三〇七~三〇九頁。もうひとつの版は、ベンヤミン『フランス文集』(J・M・モノワイエ校訂・序文、ガリマール社、一九九一年)、三一六~三一八頁。ベンヤミンは、グレーテル・アドルノ宛の手紙とほぼ同一の文章を、自分のために控えていたようだ。この覚え書きは、『自伝作品集』(フランクフルト、ズーアカンプ社、一九八〇年)に見られる(同書、五四〇~五四二頁)(『ベンヤミン著作集15 書簡II 一九二九-一九四〇』〔以下、『著作集15』と略〕(野村修・高木久雄・山田稔訳、晶文社、一九七二年)、二六九~二七一頁)。

(五) グレーテル・アドルノは、アドルノの妻。旧姓はカルプルス。三七年にアドルノと結婚。ベンヤミンとも親しく、グレーテルに宛てたベンヤミンの多くの書簡が残っている。

(六) 旧約聖書創世記「イサク奉献」の場面に登場する、イスラエルの祖アブラハムのこと。息子イサクを神の命により犠牲に捧げようと決意するアブラハムの物語は、〈責任=応答可能性〉や〈贈与〉、〈決定〉といった近年のデリダの中枢的モチーフをめぐる議論でくりかえし取り上げられている。たとえば、『死を与える』*Donner la mort*（一九九二年）第二章および第三章を参照のこと。ここでは、「イサク奉献」物語冒頭、他者への絶対的責任が発生する決定的契機として、デリダが強く重視している神からの〈呼びかけ〉とアブラハムによるその〈応答〉の場面を想起しておく。「これらの出来事の後、神はアブラハムを試練に会わせられた。神は彼に、『アブラハムよ。』と呼びかけられると、彼は、『はい。ここにおります。』と答えた」（「創世記」二二章一、新共同訳）。

（七）デリダ『《幾何学の起源》序説』（一九六二年。邦訳はフッサール『幾何学の起源』所収、田島節夫ほか訳、青土社、一九七六年）の次の文章を参照。「科学のもろもろの進歩は、起源の意味が喪われてしまっても、生き残ることができる。しかし、間接性のなかに拘禁されたもろもろの科学的所作の論理性そのものは、そのとき、一種の夢想的で非常な不条理のうちで挫折する。プラトンは、このような状況を記述していなかっただろうか。彼にとっては、もろもろの本質の永遠性はおそらく非経験的歴史性の別名にすぎなかっただろう。その祖国である原理的直観から遠く追放され、『見ることができず』原理とみなされたもろもろの仮定に釘づけにされ、象徴を真理と混同するような、『幾何学およびそれにしがみついている諸科学』は、われわれには夢を見ているように思われる。（Rep. VII 533e）　それゆえ根源へと問い返すことが緊急な課題であり、この問い返しは、われわれのために、またわれわれによって、科学をその根源的意味に、すなわちわれわれの知るとおり、その最終的な意味に目覚めさせることになろう」(邦訳一五六頁)。

(八) 一九〇三年、カトリックの母とユダヤ教徒の父のあいだに生まれたテーオドーア・ヴィーゼングルント・アドルノは、哲学、音楽、心理学を学ぶ。作曲家の道を断念したあと(だが、音楽学のほうは生涯研究しつづけた)、文化批判へのマルクス主義の適用というベンヤミンの思索方法に影響された初期作品を執筆。三四年にイギリスへ、三八年にアメリカへ亡命。やはり亡命したフランクフルト社会研究所の仲間たちと研究を続ける。カリフォルニア大学バークレー校で、社会的差別に関する研究プロジェクトの主催者の一人となる。この間、主著『啓蒙の弁証法』(ホルクハイマーとの共著)を執筆。四九年、フランクフルトに戻り、社会研究所を再編。同研究所は「フランクフルト学派」として戦後ドイツ連邦共和国の知的刷新に寄与した。五八年、同研究所所長に就任。『新音楽の哲学』(一九四九年)、『権威主義的パーソナリティ』(一九五〇年)、『ミニマ・モラリア』(一九五一年)、『不協和音』(一九五六年)などの著書を相次いで出版。啓蒙主義に端を発する合理主義への批判『否定弁証法』(一九六六年)の後、弁証法的方法と社会科学をめぐるカール・ポパーとの論争を収めた

『社会学の論理』(一九六九年)を刊行。ラディカル派と見なされていたものの、アドルノは学生運動を支持しなかった。一九六九年八月六日、心臓発作で逝去。

(九) déposer とは、ある場所や位置から対象を引き離し、他の場所や位置、とくに「下方」に置く(poser)ことを意味する(そこからモノを「捨てる」という意味も現れる)。署名は、書き込まれると同時に、よそへと撤収=剝奪される。同じ接頭辞をもつ déporter(強制収容所へ送る)が、ある存在を運ぶ(porter)行為と、この存在の抹消を同時に意味しているように。déposer には、また、書面などを介して届けられる「証言行為」の意味もある。同義語の témoigner が、証言をする証人の口頭的現前を含意しているとすれば、déposer は、証人の不在、エクリチュールによる媒介に徴しづけられている。

★(一〇)『ミニマ・モラリア——傷ついた生活裡の省察』*Minima Moralia*, Francfort-sur-le-Main, Suhrkamp (1951, 1973), p.143. ;tr. E. Kaufholz, J.-R. Ladmiral, Payot, 1991, p.107〔三光長治訳、法政大学出版局、一九七九年、一六二頁。仏文にあわせて副題および訳文を一部変更した〕。

(一一) マックス・ホルクハイマー(一八九五〜一九七三年)は、ドイツの哲学者、社会学者。一九三〇年代以後アメリカへ亡命、戦後ドイツに帰ってフランクフルト社会研究所を再建し、フランクフルト大学学長など各種の要職を歴任。アドルノとの共著『啓蒙の弁証法』のほか、『道具的理性批判』(一九六七年)などがある。アドルノとともにフランクフルト学派の指導的存在であった。

(一二)『カフカ小説全集1 失踪者』(池内紀訳、白水社、二〇〇〇年)を参照。未完に終わった同小説新校訂版を底本にしたこの新訳では、カフカの生前のプランに忠実に各章が配列されている。ベンヤミンも、アドルノも、カフカの友人で作家のマックス・ブロートによる、カフカの遺稿管理の方法に対しては、きわめて批判的であった。実際、ブロート編纂による従来の版『アメリカ』には、恣意的な手が方々に入っており、「オクラホマの野外劇場」の章を、小説の最終章と見なすブロートの解釈にも早くから疑問が寄せられてきた。ベンヤミンは友人のゲルショム・ショーレムに宛てた手紙で、次のように書いている。「明らかに彼〔ブロート〕は、後世に対して、自分がその偉大さを熟知していた〔カフカの〕作品のための責任を、とることをのぞんでいなかった」(『著作集15』、前掲書、二〇三頁)。ベンヤミンによるこの激越なブロート批判は、ショーレムによってアドルノ夫妻の前で朗読されている。

(一三)アドルノがベンヤミンに書き送った、一九三六年、三月十八日付の書簡を参照。「私は、今日、あなたの並なみならぬ労作についての多少の覚え書きをお伝えしようと思いますが、その意図は、批判することからは、あるいはまた、せめて適切な応答をすることからも、もっとも遠いものです。［中略］しかし他方で、いかに不十分なものとなるにせよ、そう長く待つことなしに、あなたに答えたいという気もちも抑えられません」テーオドーア・W・アドルノ『ベンヤミン　アドルノ往復書簡 1928 - 1940』［以下、『往復書簡』と略］（ヘンリー・ローラ編、野村修訳、晶文社、一九九六年）、一三九ページ。

（一四）デリダは、ある新聞インタビューで、une fois pour toutes なるフランス語特有の表現に対する、彼の好みを述べている。その理由は、この表現が、「一度しか起こらないもの、もはや反復しないものという、特異で後戻りのきかない出来事」(une fois) を告げていながら、それと同時に、「この出来事をよそへと連れていく」ことが可能な「反復の多様性」(pour toutes les fois) へ向けて開かれているからだ、と (Jacques Derrida, 《Autrui est secret parce qu'il est autre》, Propos recueillis par Antoine Spire, *Le Monde de l'éducation*, numéro spécial jeuillet-août 2001)。本文中の pour toutes les《dernières fois》de ma vie という表現もまた、〈最後に〉という、単独的にして特異な生の瞬間 (pour la dernière fois) を指すと同時に、この出来事の潜在的に無限な反復可能性 (pour toutes les fois) を表わしていると言ってよいだろう。

★（一五）「ベンヤミンの特徴を描く」、『プリズメン——文化批判と社会』*Prismen*,

Suhrkamp, 1955〔渡辺祐邦・三原弟平訳、ちくま学芸文庫、一九九六年所収、四〇〇～四〇一頁。仏文にあわせて訳文を一部変更した〕。

★（一六）アドルノが「ベンヤミンの特徴を描く」で言及している論文。『ノイエ・ルントシャオ（新展望）』誌に掲載。とくにシュールレアリスムを扱っている〔『ベンヤミン著作集8　シュールレアリスム』（野村修訳、晶文社、一九八一年）、四五～五一頁に所収〕。

★（一七）「ベンヤミンの特徴を描く」、前掲仏訳、二二一頁〔邦訳、三九七頁〕。

★（一八）「ドイツ的とは何かという問いに答えて」、『批判的モデル集II――見出し語』所収、《Réponse à la question : "Qu'est-ce qui est allemand ?"》, dans *Modèles critiques*, Payot, 1984, tr. M. Jimenez et E. Kaufholz, p.228 sq. *Cf.*《Auf die Frage : Was ist deutsch》, in *Stichworte, Kritische Modelle 2*, Francfort-sur-le-Main, Suhrkamp,1965, p.102 *sq*.〔「ドイツ的とは何かという問いに答えて」、『批判的モデル集II――見出し語』、大久保健二訳、法政大学出版局、一九七一年、一四五～一四六頁。仏文にあわせて一部訳文を変更した〕。

（一九）《oikos》はギリシア語で「家」「住まい」「寝室」「墓」「隠洞」などを指す。この語は「経済（économie）＝家政」、「エコロジー（écologie）＝家の学」の語幹を形成する。

（二〇）デリダは、一九八四年から三年間、パリ高等師範学校で「哲学の国籍（＝民族性）とナショナリズム」というセミネールを開講した。

（二一）ウルリッヒ・ゾンネマン（一九一二〜一九九三年）はドイツの哲学者、心理学者。一九三一年、フランクフルト社会研究所研究員として、アドルノ、ホルクハイマーと親交を結ぶが、ナチスの手を逃れ、三三年よりスイス、ベルギー、フランスを転々としたあと、四一年にアメリカに亡命。五八年の帰国後より、哲学、心理学、政治など多方面にわたる著述活動を行なう。七〇年代以降はカッセル大学教授として社会哲学を担当した。著書『否定的人間学』*Negative Anthropologie*（一九六九年）など。

★（二二）『ミニマ・モラリア』*Minima Moralia*, Suhrkamp, 1973, 70, p.141-142.〔邦訳前掲書、一六〇頁。仏文にあわせて一部訳文を変更した〕。

（二三）アドルノの父方の姓 Wiesengrund を指している。

（二四）船舶に対する臨検を意味する仏語《arraisonnement》は、語幹に《raison（理性）》を含む。

（二五）ユルゲン・ハーバーマスは、一九二九年生まれ。哲学、歴史学、社会学を学ぶ。一九五六年にフランクフルト社会研究所の一員となる。テーオドーア・W・アドルノの助手を経て、ハイデルベルク大学、フランクフルト大学で教鞭をとったあと、シュタルンベルクにあるマックス・プランク研究所所長に就任。その後、再びフランクフルト大学に戻る。主著としては、『公共性の構造転換』（一九六二年）、『理論と実践』（一九六三年）、『認識と関心』（一九六八年）、『イデオロギーとしての技術と科学』（一九六八年）、『哲学的・政治的プロフィール』（一九七一年）、『後期資本主義における正当化の諸問題』（一九七三年）、『史的唯物論の再構成』（一九七六年）、『コミュニケーション的行為の理論』（一九八一年）、『道徳意識とコミュニケーション行為』（一九八三年）、『社会学の言語理論的基礎付けのための講義』*Vorlesungen zu einer sprachtheoretischen Grundlegung der Soziologie*（一九八四年）、『事実性と妥当』*Faktizität und Geltung*（一九九二年）。

★（二六） Jürgen Habermas, *Philosophisch-politisch Profile*, Francfort-sur-le-Main, Suhrkamp, 1971, 1981, p.170 *sq.*; *Profils philosophiques et politiques*, tr. F. Dastur, J.-R. Ladmiral, M. B. de Launay, Gallimard, 1974, p.246.〔『哲学的・政治的プロフィール』（小牧治・村上隆夫訳、未來社、一九八四年）、二四七頁。仏文にあわせて一部訳文を変更した〕。

★（二七）『批判的モデル集II――見出し語』*Stichworte, Kritische Modelle* 2, *op.cit.*, p.111-112 ; tr. p.229.〔前掲書『批判的モデル集II――見出し語』、一四七～

一四八頁。仏訳にあわせ、また邦訳書名に即して、一部訳文を変更した。冒頭二か所の〔 〕内の補足は本稿原文による〕。

（二八）アクセル・ホーネット（一九四九年〜）は、フランクフルト大学哲学教授。フランクフルト学派第三世代の代表者と呼ばれる。フランクフルト社会研究所所長。著書『権力の批判』（1985年）など。

★（二九）G. Ahrens, W. S. Baur, H. Beese, M. Buchgeister, U. O. Dünkelsbühler, A. G. Düttmann, P. Engelmann, M. Fischer, Th. Frey, R. Gasché, W. Hamacher, A. Haverkamp, F. Kittler, H. G. Gondek, H.U. Gumbrecht, R. Hentschel, D. Hornig, J. Hörisch, K. Karabaczek-Schreiner, A. Knop, U. Köppen, B. Linder, S. Lorenzer, S. Lüdemann, H.J.Metzger, K.Murr, D. Otto, K.J. Pazzini, E.Phaffenberger-Brückner, R.Puffert, H.J. Rheinberger, D. Schmidt, H.W. Schmidt, K. Schrenier, R. Schwaderer, G. Sigl, B. Stiegler, P.Szondi, J. Taubes, Ch. Tholen, D. Trauner, D. W. Tuckwiller, B. Waldenfels, E. Weber, S. Weber, D. Weissmann, R. Werner, M. Wetzel, A. Wintersberger, A. Witte, H. Zischler.

ここにその名を記さなかった人びとに赦しを乞いたい。

（三〇）ジェイムズ・ジョイス（一八八二〜一九四一年）は、アイルランドの詩人、小説家。『ユリシーズ』（一九二二年）。デリダのジョイス論としては、『ユリシーズ・グラモフォン――ジョイスのための二つの言葉』(一九八七年、邦訳は合田正人ほか訳『ユリシーズ グラモフォン――ジョイスに寄せるふたこと』、法政大学出版局、二〇〇一年)がある。一九八四年六月にフランクフルト大学で行なわれた「ジェイムズ・ジョイス国際シンポジウム」で発表された、「ユリシーズ・グラモフォン」を含む。

(三一) 精神分析学の創始者、ジークムント・フロイト(一八五六~一九三九年)は、オーストリア・ハンガリー二重帝国、モラヴィアの小都市フライベルク(現チェコのプシーボル)に、ユダヤ商人の息子として生まれる。親から与えられた名は「ジギスムント・シュロモ」。だが長じたのち、フロイトはこの名を一度も使用していない。経済的苦境のなか、四歳のとき、東方ユダヤ人移民が多く居住していたウィーンへと、一家をあげて移住。主著『夢判断』(一九〇〇年)。

(三二) フランス語の形容詞 fichu は、動詞 fiche/ficher〔する、やる、与える〕の過去分詞。この動詞 fiche/ficher は、卑語 foutre〔やる、性行為をする、食らわす〕に代わる。foutu は foutre の過去分詞。

(三三)『著作集15』、二六九~二七一頁。仏文にあわせて一部訳文を変更した。

★(三四) 一九三五年八月二日付の書簡。

(三五) 一九三五年、ベンヤミンは、フランクフルト社会研究所機関誌『社会研究』

誌への『パサージュ論』掲載許可を取りつけるため、「パリ――十九世紀の首都」を、当時の同研究所所長ホルクハイマーたちに全体の草案として提出した。パリでの亡命生活のなか書き綴られたベンヤミンのこの原稿に対し、アドルノは、亡命先のオックスフォードから、八月二日付書簡で、ベンヤミンに宛て、長大で詳細な批判を書き送っている。『往復書簡』（前掲書、一一三～一一八頁）を参照。

★（三六） 一九三五年八月十六日付の書簡〔『著作集15』、前掲書、一四九～一五二頁。『往復書簡』、前掲書、一二八～一三〇頁〕。

（三七） ベンヤミンの同書簡には、「この夢のなかでぼくに同行しているドース博士というのは、ぼくがマラリアにかかっている間看病してくれた友人だ」とある（『著作集15』、前掲書、二六九頁）。収容所の仲間であろうか。

★（三八） Francfort-sur-le-Main, Suhrkamp, 1962.〔『ベンヤミン・コレクション3 記憶への旅』（浅井健二郎編訳、久保哲司訳、ちくま学芸文庫、一九九七年）、二六七～四六四頁〕。

（三九） 一九四〇年八月二日の書簡。ベンヤミンが生前自筆で書いた最後の手紙にあたる。『著作集15』、前掲書、三一〇～三一四頁。『往復書簡』、前掲書、三五四～三五六頁。

（四〇） ヴェルナー・ハーマッハー（一九四八年～）は、フランクフルト大学新文献学教授、ジョン・ホプキンス大学ドイツ文学・比較文学教授。著書『プレーローマ〔成就・充足〕』*Pleroma*（一九九六年）、『前＝提――カントからツェランに至る哲学・文学研究』*Premises, Essays on Philosophy and Literature from Kant to Celan*（一九九六年）およびそのドイツ語版『遠ざけられた聴取』*Entferntes Verstehen*（一九九八年）など。ポール・ド・マン、デリダらの方法論に影響を受け、ヘーゲル論、カント論、ツェラン論など、哲学、文学の横断的研究を進める。彼の編纂による『フランスにおけるニーチェ』*Nietzsche aus Frankreich*（一九八六年）にはデリダやモーリス・ブランショもニーチェ論を寄稿している。また、デリダの『マルクスの亡霊たち』*Spectres de Marx*（一九九三年）をテーマとした国際シンポジウム『幽霊的境界確定』*Ghostly Demarcations*（一九九九年）では、「伝えられぬまま喪われた言語――商品＝言語のメシアニズムとデリダの『マルクスの亡霊たち』」《*Lingua Amissa* : The Messianism of Commodity-Language and Derrida's *Specters of Marx*》と題した、デリダの幽霊論を主題とする重要な発表を行なっている。

（四二）離婚した妻は、ドーラ・ケルナー。ウィーンの英文学者でシオニストのレオン・ケルナー教授の娘。マクス・ポラクとの結婚後、ベルリンに来て、ベンヤミンたちと同じグループの青年運動に参加。一九一六年にポラクと離婚、翌一七年にベンヤミンと結婚。その後、二一年から、二人の関係には微妙な影が落ち始め、三〇年に離婚。のち、パリ亡命中にパリのサン＝レモで下宿屋を営んでいたドーラの許で、ベンヤミンは三四年から三七年にかけて、長期滞在を数度している。

他方、妹のドーラは、母の死後、ベンヤミンと不和になってはいたものの、ベンヤミンのパリ亡命中に再び緊密となり、ベンヤミンは、彼女の下宿で三五年から三八年まで暮らした。三五年より脊椎の関節が硬化する重病を患っており、その病気のため、亡命先のチューリヒで、一九四六年に死去した。ベンヤミンの『歴史の概念について』を口述筆記したのは、妹のドーラである。

★(四二)『夢判断』*Die Traumdeutung*, chap. VII, C, Fischer, 1961, p.464-465.〔フロイト『夢判断』(高橋義孝訳、『フロイト著作集2』、人文書院)、四六八〜四六九頁〕。

★(四三)『プリズメン——文化批判と社会』(前掲書)の冒頭論文「文化批判と社会」の冒頭を参照。

★(四四) Cf. *États d'âme de la psychanalyse*, Galilée, 2000.

(四五) ハンス＝ゲオルク・ガダマーは一九〇〇年生まれ。ハイデガーを指導教授として、二九年に博士論文の審査を受ける。マールブルク大学、ライプツィヒ大学（後に学長に就任）、フランクフルト大学、そして（カール・ヤスパースの後任として）ハイデルベルク大学教授を歴任。五三年、哲学雑誌『フィロゾーフィシェ・ルントシャオ』を創刊。六〇年、『真理と方法』を刊行。ガダマーはまたヘーゲル研究奨励国際協会を創設、七〇年まで同会長。この間に名誉教授となるが、教鞭は取り続ける。七二年、ハイデルベルク科学アカデミー会長就任。八五年から九五年にかけて全集が刊行される。

★（四六）特異な偶然の一致なのだが、アドルノは九月十一日に生まれている（一九〇三年）。当日の参会者全員が、そのことを知っていた。授賞式は、当初、アドルノ賞創設以来の習慣的儀式にしたがって、九月二十二日ではなく、十一日に行なわれるはずだった。中国旅行をしていた私は（九月十一日に私は上海にいた）、祝典の日を延期するよう依頼しなければならなかったのだ。

（四七）この時点でアメリカは報復戦争を「限りない正義（infinite justice）」という作戦名で呼んでいたが、のちに「不朽の正義（enduring justice）」と変更した。

★（四八）Cf. Adorno, *Sur quelques relations entre musique et peinture*〔音楽と絵画との幾つかの関係について〕, Francfort-sur-le-Main, Suhrkamp, 1978, 1984, 1986 ; tr. et dir. P. Szendy et J. Lauxerois, ed. La Caserne, 1995, p.44. *sq*.

★(四九) Francfort-sur-le-Main, Suhrkamp, 1993, p.123-124.〔大久保健治訳、作品社、一九九七年、一二七頁〕。

★(五〇) M. Horkheimer, Th. Adorno, *Dialektik der Aufklärung. Philosophische Fragmente*, tr. E.Kaufholz, *La Dialectique de la raison, Fragments philosophiques*, Gallimard, 1974, p.268-277.〔『啓蒙の弁証法——哲学的断想』(徳永恂訳、岩波書店、一九九〇年)、三九〇〜四〇五頁〕。

(五一)デリダは、ここで、フランスとドイツの歴史学の新傾向を示唆している。「新歴史家」は、アナール派歴史学に代表されるフランス歴史学の新潮流に属する歴史家の呼称。ドイツ八〇年代の「歴史家論争」とは、ナチズム、アウシュヴィッツなどの歴史的評価をめぐって、ハーバーマスと歴史修正主義者とのあいだで行なわれた議論を指す。

(五二) フリードリヒ・シュライエルマハー(一七六八〜一八三四年)は、十九世紀ドイツの哲学者、神学者。聖書釈義学と古典文献学とを一貫した解釈学的立場から体系化しようとつとめ、近代的解釈学の端緒を開いた。Schleiermacherにはドイツ語で「ヴェール」を意味するSchleierが隠されている。

(五三) プラトンの政治哲学論『ポリティコス』で「機織り職人(ὑφάντης)」は、国家(ポリス)を治める主権者、統治者、王者などの比喩として登場する。

（五四）ドイツの歴史社会学者マックス・ヴェーバー（一八六四〜一九二〇年）を示唆するか。Weberとは、字義通りには、「織る人」を指す。

★（五五）《Nul ne témoigne pour le témoin.》*Aschenglorie*, dans *Strette*, Mercure de France, 1971, tr. A. du Bouchet, p.48-51.〔本文にはドイツ語原文《Niemand zeugt für den Zeugen.》が引用されている。パウル・ツェラン詩集『息の転換』（一九六九年）所収、「三叉路で」より。『パウル・ツェラン全詩集２』（中村朝子訳、青土社、一九九二年、一二一頁）。ツェランのこの詩節に対するデリダの解釈については、ジャック・デリダ『シボレート』（飯吉光夫、小林康夫、守中高明訳、岩波書店、二〇〇〇年）、九六頁以下を参照〕。

訳者あとがき

本書は Jacques Derrida, *Fichus* (Éditions Galilée, 2002) の全訳である。同書は、二〇〇一年九月二十二日、ニューヨークとワシントンを襲った同時多発テロの直後に、ジャック・デリダがフランクフルト市で行なったアドルノ賞記念講演を再録している。本書出版に先立って、講演全文は、ル・モンド・ディプロマティーク紙 *Le Monde Diplomatique* 二〇〇二年一月号において公開された。

*

アドルノ賞の受賞を機会に生まれた本書は、デリダの資料体《コーパス》にあっては、アドルノへの言及が集中して見られる、おそらく初めてのテクストに違いない。

デリダとアドルノの思考との相関性については、後述するようにこれまでも幾度かなされてきたし、デリダ自身の論考にもアドルノが参照される機会は近年徐々に増えてきているという指摘もある（浅田彰「アドルノのアクチュアリティ」『批評空間』第Ⅱ期一二号、一九九七年）。とはいえ、例えばベンヤミンへと注がれた、一九九〇年代以降のデリダの視線の圧倒的な密度に比べれば、それはあくまで散発的なものにとどまってきた。本書を手にする読者は、デリダによるアドルノへのきわめて特異なオマージュを読むことになるだろう。

また同時に、短い講演記録ではありながら、ここには、近年のさまざまなデリダの思考の鍵となる言葉が強度に凝集されている（歓待、赦し、信、固有言語、政治、責任＝応答可能性、幽霊、アポリア、証言、ウェブ……）。過剰なまでに反復され、積み重ねられたこれらの数々の言葉の送付が（それは、ドイツ語で読まれた冒頭の発話「皆さんのお赦しを願って」から、証言の算定不能性と反復可能性をめぐるパウル・ツェランの詩節が原語で引用される末尾にいたるまで）、デリダの他のさまざまな著作への参照＝返送を本書に招き寄せている。ここで、この送付のひとつひとつをすべて列挙してゆくわけにはいかないにしても（しかしそれは送付の定義からしてはたして可能であろうか）、本書『フィシュ』が、その後半部で提示されている、未来に書かれるべきデリダの「夢の書物」のプログラムとあわせて、デリダの現在時の思考の到達点を示すひとつの著作であることを、まず確認しておきたい。

以下に示すのは、本書『フィシュ』の読解のために、若干の補助線を引く試みである。

1 贈与と応答

デリダならではの、フランス語としてはぎりぎりの、臨界点に達したともいえる言葉の使用とともに（それ自体、共同体の問題というデリダの主題の根底に深く関わる）、このテクストは差し出されている。

かつて、豊崎光一は、デリダのテクストの本質的な特徴として、その「ミメシス」の運動（すなわち、論じる対象そのものをテクストのかたちのうえで模倣＝翻訳していく、その「擬態」ぶり）を指摘していた。それはたんに、対象に戦略的に同化して対象を内破してみせるということだけを意味しているのでない。むしろデリダにとってこの「ミメシス」とは、言語を翻訳することの可能性と不可能性のあいだに広がる閾を、哲学としての思惟の中核に据えると同時に、それを言語的水準でも実践してみせるという困難な課題を、真正面から引き受けようとする倫理性においてある（倫理的というのは、たとえ暴力的に同化するにせよ、あるいは、自他の差異性の刻印を際立たせるにせよ、それが一個の特異な他者との和解＝翻訳だからである）。

デリダのそうしたテクスト上にひろげるミメシスの地平は、本書においても、まさに忠実になぞられていると言ってよい。

その最も明示的な水準は、アドルノ賞授与という出来事を、徹底して言葉の次元に引き寄せ、組み入れ、簒奪していくデリダの身振りであろう。本書の全体に散種された「賞《プリ》」prix の音の反復と意味の変転は、そのひとつだ。

しかし、より重要なのは、賞の〈贈与〉とそれへの〈応答可能性＝責任〉という契機を、テクストの多種多様な言語的エコノミーのなかに取り込んでいくデリダの行為遂行的《パフォーマティブ》な戦略である。

アドルノ賞という賞の贈与に応えること、呼応すること。そのことがまず、言葉を贈ること、受け取ること、応答すること、この贈与を証し立てること、約束すること……といった、デリダみずからの聴衆へのパフォーマティブな言明において執拗なほどに反復される一方、夢が贈与するものへ応答することははたして可能なのか、という本書の中核的な主題系へと変容していく。また、この〈贈与と応答〉は、ベンヤミンとアドルノの二人のあいだの〈郵便的〉関係が本書の重要なモチーフになっていることにも関連してくるはずだ（往復書簡を通じて、お互いに相手へと差し向けられた言葉の送付を介する贈与、あるいはまた、ハイデガーやマルクスからの遺産、デリダの言葉を助けるアドルノの引用、アドルノからの「負債」、そしてドイツとフランスとのあいだの相互の贈与）。誤読と誤配、差異を孕んだ他者たちによる相手への贈与と応答が、本書では、変幻自在に、テクストのさまざまな水準において結晶化されている。

言葉の贈与とその応答は、「他者の言語、歓待の主客の言語、異邦人の言語、さらには、渡来する移民の言語、異国に定住した移民の言語や、亡命者の言語」と呼ばれる、本書の冒頭から主題化されてもいる言語の問題に、すでに端的に顕われている。

この問題は、ただちにそれに続く、「ますます疑わしい呼称となったグローバリゼーション」、「言語も、意味も、名も、かつてないほど不確かとなった数々の戦争」といった世界の〈偏在性〉と〈裂開〉の主題によって、ふたつの異なる形式をとる〈言語的凝集の危機〉の意識として印される。

それを言い換えるならば、みずからをひとつの塊としてたえず境界線を引きなおすことによって、他者と弧絶したまま暴力を召喚してしまう現代の言語的事態の二種だといってよいだろう。その片方を「純粋に機能的かつ情報伝達的な言語の道具的功利主義」と呼び、もう片方を「国語《ラング・ナシオナル》の形而上学」と名づけるとするならば、そのどちらにも陥ることなく、他者からの言葉の贈与や呼びかけに対して、責任＝応答可能な政治は、何をすることができるのか。それが、本書でデリダが差し出す問いである。

アドルノ、ベンヤミン、そしてツェランの言葉をデリダが召喚するのは、まさにそのような危機の地点に陥った言葉の有りように鋭く対峙する、まったく別様の言語経験の極北を生きた者たちの証言としてである。複数の言語の通過点で滅した者たち、傷を負った者たち——だが同時に、言葉を贈与し、それに応答した者たち。移民や不法滞在者、難民や亡命者たちが強いられたもの、強制収容所を通過した者たちの言語の呼びかけとそれに応える場を、彼らの証言を通して探っていくこと。賞の授与に応える受賞祝典の儀式の空間は、いまや、まったく新たな別の負荷を担う。

複数形で書かれた本書の原題《Fichus》という語において、デリダが指摘する翻訳不可能性と決定不可能性のうちに、デリダのテクストのミメシスが浮かび上がらせるのは、言語のはざまで、患苦や破滅に傷ついた者たち、壊れ者たち、脆き者たち、廃絶した者たちによる、呼びかけと応答のことだ。それは（繰り返すが複数形で書かれているように）、ひとりベンヤミンだけではない。

2　夢と覚醒

本書で最も印象的なのは、アドルノとベンヤミンを取り上げながら、夢と覚醒をめぐって、きわめて精緻に紡がれてゆく、デリダならではの脱構築的《デイコンストラクテイブ》な読解の試みであろう。

まずは、本書における訳語の選択について指摘しておきたい。鍵となる四つの語 vigilance, réveil, éveil, veille は、いずれも「眠り」に対立する「覚醒」の意味範疇に属する。しかしそれぞれの意味は、当然ながら、どれも微妙にずれており、デリダはそれをかなり意識的に使い分けている。réveil は「眠りからの目覚め」を指す最も一般的な語だが、éveil はむしろ比喩的に精神的覚醒を指し、気を弛めず周辺に注意を払っている状態を意味する。vigilance は覚醒状態としては最高度に位置し、敵の襲来や危機の到来などに備えた、極度に精神を張りつめた「警戒」ないしは「厳戒状態」を意味する。

本訳では réveil に「目覚め」、éveil と vigilance に「覚醒」を用いたが、vigilance についてはしばしば「覚醒＝警戒」と意味を補った。他方、veille は「不眠」や「夜警」を意味するが、さらに死者を「夜伽」するという重要な意味もあり、これらは、文脈によって訳し分けられている。

「私は夢をみています」「私は夢遊病者のように歩きます」と、テクスト全体を夢の枠組みのなかに象嵌するかのように、デリダはテクストの運びをしつらえる。デリダによるこの主題の選択の契機について、次に、いくつか指摘しておきたい。

『わが友ベンヤミン』で、ゲルショム・ショーレムが「夢の状態と目覚めの状態とのあいだにひろがるスペクトル」に魅了されていた、と述べるベンヤミンはむろんのこと（『パサージュ論』における「夢と覚醒の弁証法」については、スーザン＝バック・モースによる優れた解釈が邦訳されている）、カフカやブランショなど、デリダとことに近しいと思われる作家や思想家たちにあって、この主題は、思考の営みのきわめて特権的なエンブレムの意味合いを持っていた。そのことは、やはり、初めに想起しておくべきだろう。

カフカは、その短篇「夜」で次のように書いている。

「夜のなかに沈んでいる。ときおり頭をうなだれて、考えごとに沈むように、夜のなかにすっかり身を沈めている。まわりでは、人びとが眠っている。人間が家のなかで、がっしりしたベッドのなかで、堅固な屋根の下で、マットレスに手足をのばし、あるいはうずくまって、シーツにくるまり、ふとんをかぶって眠るというのは、らちもないお芝居、無邪気な自己欺瞞である。ほんとうは、かってそうであったように、またいつかはそうなるであるように、荒涼たる砂漠に集まったにすぎないのである。野外の幕舎、数かぎりもない人間たち、軍団のような大勢の人びとが、むかし立っていた場所に、つめたい空の下のつめたい大地のうえに身を投げだし、額を腕に押しつけ、顔を地面に向けて、安らかに眠っている。そのなかで、おまえだけは、目をさましている。夜番をつとめている。そして、おまえのそばの薪の山からとりだした火のついている木切れをふりまわして、つぎの夜番をさがす。なぜおまえは起きているのか。ひとりは起きていなくてはならないということになっている。ひとりはここにはいなくてはならないのだ」（『カフカ全集2』新潮社、九五頁）。

「夢とは不眠を守る夜警であって、不眠が眠りこむのを邪魔するのだ」と、ベケット論『消尽したもの』でのドゥルーズは、『文学空間』のブランショに言及してそう語っていた。

「消尽したもの、不眠症者、無意志症者の夢は、身体と欲望の深みでおのずから生まれる睡眠中の夢のようなものではない。それは精神の夢であり、作りだされ、制作されなくてはならない」（『消尽したもの』白水社、四〇頁）。

デリダにおいてはどうか？　夢と覚醒の主題は、すでに彼の最初期の論考から先鋭的な意味を担わせられていた。『エクリチュールと差異』（一九六七年）、『グラマトロジーについて』（一九七二年）から、次の文章を引用しておく（訳文の一部は変更している）。

「ヘーゲルの明証を担い抜くとは、今日、何を指して言うのか。それは《理性の眠り》を、怪物どもを産みかつ眠らせるあの眠りを、あらゆる意味において通過しなければならないということである。つまり、この眠りを文字通りに貫き通さなければならぬのであって、来るべき覚醒が夢の詭計であってはならないのだ。言いかえれば、再び理性がめざめるのでなければならない。理性の眠りとは、おそらく、理性そのものが眠りこんでしまうのではなくて、理性の形式をとった眠り、ヘーゲルのロゴスが厳戒《ヴィジランス》状態にある上での眠りなのだ。理性は、おのが関心の的である深い眠りを、細心に見張り続けている。ところで、『理性の眠りのさなかに受容された明証は、本来の覚醒力を失ってしまう』のだとすると、眼を開くためには（バタイユはひたらすら眼を開くことだけを望んだ、それが死の危険をおかすことだと確信しながら……）まず、理性を道づれに夜を過ごし、この夜を明かし、ともどもに眠り終えてしまわなければならない、それも、夜を徹して《朝》の来るまで」（『エクリチュールと差異』）

「夢と警戒《ヴィジランス》との対立とは、また形而上学のひとつの表象なのではないか？　私たちが今や知っているように、夢とは、またエクリチュールとは何であるべきなのか、人は書きつつ夢みることができるのだとしたら、そして、夢の舞台はつねにエクリチュールの舞台なのだとしたら？　『エミール』でルソーは、一度ならず私たちに、書物、エクリチュール、記号について警戒《ミザン・ガルド》させたあとで、〔中略〕頁の下にひとつの註をつける。『人びとはある不快な夜の夢を哲学だとして、深刻そうに私たちに与える。私もまた夢を見ているのだと言われるかもしれない。それはそうだ。しかし、他の人とは違って、私は自分の夢を夢として与えるのであって、この夢が目覚めている人びとに何か役に立つことがあるかどうかは、読者に探求していただくことにしよう〔後略〕』（『グラマトロジーについて』）

夢と覚醒とについてのデリダの関心がどのあたりにあるか、これらの言葉によっても透けて見えてくるはずだ。カフカからベンヤミン、ブランショ、そしてルソー、バタイユ、さらに、おそらくはフロイトやレヴィナスにまでも書き継いでゆけるだろうこの主題の系譜に共通しているのは、意識の昏睡と覚醒という単純な二項対立のうちには解消することのできない、夢の還元不能な特異性と、そこに刻印されている根源的な他者性とが、同時に抽出されるような別な思惟の位相の強調であろう。そこでの夢は、白日のなかで剝きだしにされた意識の有りように対置されるような、夜の夢想やまどろみではない。

そこで、もうひとつだけ、本書の理解にとって重要と思われる文章を、デリダのハイデガー論『精神について』（一九八七年、邦訳一九九〇年）の末尾から引用しておく。ハイデガー思想がナチズムに負った関係性の謎めいた曖昧さを、テクストの解釈に即して徹底的に分析しつくしてみせたこの旧著で、デリダは、その長い議論の終わりを、夜と昼とのあわいの、早朝の薄明のなか、他性と不可避性という指標を帯びて回帰する「精神（Geist）」という形象をもって、次のように描き出していた。

「見守る＝眠ることのない精神は、帰り来て常に残っていることをするでしょう。炎や灰を通して。しかしまったく別のものとして。避けようもなく」（『精神について』）

「目覚める」精神ではない、「見守る＝眠ることのない」精神である。この点については、後ほどもう一度述べる。

3　そう、おそらくは、時には

「そう、おそらくは、時には」《Oui, peut-être, parfois》――この三語に込められた強い意味論的負荷にも注目しておきたい。

これらは、デリダの脱構築の現在の方向性を占うにあたって、どれもほぼ決定的な重要性をもつと思われる語だ。①肯定の oui、召喚に応えること（本書の注六参照）、他者への贈与や約束、他者の歓待の身振りとしての大いなるoui　②可能態・潜在態としての存在《エートル》、ブランショ＝ナンシーの共同体論と直接的に連結する〈友愛〉の論理を導出するpeut-être　③時間の全体化を攪乱する細部の反復であり、かつ、〈信によること〉(par《パル》 foi《フォワ》)という意味もその音によって現出させているparfois。夢の思惟の贈与に対する、肯定の、友愛の、信の言葉の応答＝責任としての《Oui, peut-être, parfois》。

　この「そう、おそらくは、時には」と否定の〈ノン〉とのあいだでためらう者として本書において描き出されるアドルノの姿は、現代文化の欺瞞性への容赦ないまでの批判や、徹底したロゴスの否定につぐ否定を自己の思索の糧としたアドルノを知る者には、いささか意外な感があるかもしれない。

　しかし、本書の圧巻のひとつは、この徹底して醒めた否定弁証法の思想家のイメージの下に横たわる、複雑でゆらぎを孕んだ両義的な形象が、見事に抽出されている点であろう。

　記憶の底から不意に白昼夢のように蘇える「幼年期の言語」を耳にした、その瞬間のアドルノの慄きを記述した『ミニマ・モラリア』の一断章の解釈は、その最も優れた例のひとつだろう。また、『本来性という隠語』における、ドイツ語＝母語に対するアドルノの「覚醒＝警戒」を指摘しながら、言語的ナショナリズムへの啓蒙的批判の位相の存在を示している箇所も、同様である。

『他者の単一言語使用』のなかのある長い注は、デリダが本書で言及している、一九八四年以後の「哲学の国籍とナショナリズム」のセミネールの研究成果の一部を伝えているが、そこにおいてアドルノの言語観は、ハンナ・アーレントと併置されてわずか数行で言及され、「ドイツ語＝母語」への愛と耽溺へと還元されているにすぎなかった。本書に見て取ることができるのは、それとはまったく対照的な、より細やかな襞をそなえたアドルノの思惟のありかたである。

4　アドルノの否定弁証法とデリダの脱構築

アドルノに対するこれまでのデリダの態度は、あくまで寡黙なものだった。過去のデリダの著作において、アドルノは、奇妙な沈黙とともに、その名の記入が拒まれることすらあった（『ユリシーズ、グラモフォン』邦訳における合田正人の解説、二〇二頁参照）。だが、ここにようやくというべきか、アドルノへの「愛」、アドルノとの「分有」を語り、アドルノからの自分の「負債」を、明確な意志とともに責任をもって引き受けようとする本書のデリダの姿勢には、たんなる外交辞令の枠をはるかに超えた真摯さがある。

それは、例えば、かつてアドルノの弟子であったハーバーマスが、理性をもって理性批判を極限まで徹底してつきつめていった後期アドルノの思惟の方法を、一種の知的ラディカリズムとして斥けているのを見るとき（ハーバーマスは、むしろもうひとりの師であるホルクハイマーの戦前の理性主義へと回帰する態度を鮮明にしつつある）、鮮やかなまでに対照的であるとも言える。

ちなみに、デリダの脱構築とアドルノの否定弁証法を交叉させて読む系譜としては、アメリカの比較文学者マイケル・ライアン（『マルクス主義と脱構築』一九八二年、邦訳『デリダとマルクス』一九八五年）や、ドイツのクリストフ・メンケの浩瀚な美学的研究などがある（『芸術の至高性』一九九〇年）。

とくにライアンの論考は、ガヤトリ・スピヴァクのサバルタン理論や、アントニオ・ネグリのアウトノミア論を踏まえつつ、デリダの脱構築の先駆的方法としてアドルノの否定弁証法を捉えたものであり、「原‐ディコンストラクション」としてアドルノを見るなど、注目すべき指摘がある。

さらに言えば、ライアンは、二人の差異を、「アドルノが概念のレベルにおく決定不可能性をデリダは、言語とスタイルにおいて練り上げる」点と、同一性の批判のための鍵が「アドルノにとっては社会的なものであるのに対し、デリダにとっては論理的（哲学的歴史的）である」（邦訳、一四八〜一四九頁）点に見ている。

一方、本書のデリダの問題設定と直接繋がる方向を示した重要な研究としては、ドイツ圏の若手哲学者アレクサンダー・ガルシア・デュットマンの一連の仕事を挙げておくべきだろう。

デュットマンは、フランクフルト大学でハイデガーとアドルノを主題にした学位論文『思惟の記憶』(一九九一年公刊)を提出したのち、パリで「哲学の国籍とナショナリズム」を主題にしたデリダのセミネールに参加。デリダの『精神について』の独訳や、アドルノ、ハイデガー、ベンヤミンを主題とする研究(『贈与された言葉』一九八九年)をデリダに捧げるなどしており、アドルノとの接合を、デリダ自身にあらためて意識させる触媒の役割を果したと言えるかもしれない。こうした経歴からも見てとれるとおり、デュットマンのスタンスは、デリダのそれからの影響を大きく受けており、彼の研究は、デリダの問題意識と、かなりの程度重なり合うと見てよい。

「夢の本」のプログラムを語るデリダが、「アウシュビッツという固有名」についてアドルノの記述を参照しているが、この主題は、デュットマンの『思惟の記憶』において、ハイデガーとの比較のなかで重厚に展開されている。また、本書でデリダが分析している「幼年期の母語」を主題にした『ミニマ・モラリア』の一節は、デュットマンがすでに『贈与された言葉』で解釈したものだ。

以下に、該当部分だけを訳出しておこう。

「父ノ町ノ方言。父ノ町、父の町。故郷ノ町ではなく。一九四五年に書かれたこの一節は、言語と、亡命の不幸において言語に到来するものとを主題としている。あたかも父が、自己の無垢の言語、すなわち異国における外国語、起源の国において犯された言語の記憶を守り抜こうとする者にたいし、方言を押しつけて復讐するかのように。自分の言語を守ろうと望むこと、それは言語の名を、言語における思考の〈原型〉である名、ドイツ語を翻訳不可能とする名を守ろうとすることではないだろうか。ドイツ語は他の言語よりもより哲学的である（それが『ドイツ人とはなにか』においてアドルノが返答の中で主張したことだ）。であるからには、ドイツ語は、名と最も近いところにある……」（『贈与された言葉』*La Parole donnée* 一五二〜一五三頁）

5　ベンヤミンの《d》

本書の表題にもなった《Fichus》の語を包んだ、フランス語で書かれたベンヤミンの夢の一文をめぐる解釈は、本書において最も魅力的であり、また最も難解な箇所でもある。ここでのベンヤミンが、夢と覚醒をめぐる、デリダのそれ自体象嵌化されたエクリチュールにあって、いわば「中心紋」のなかの「中心紋」の役割を果たすこと自体は見やすいとしても、《d》という文字＝名をめぐって執拗に注がれるデリダの眼差しは、いささか唐突にも見える。

さまざまな〈名〉を、署名を、複数の外国語を、接合し、迂回し、消去し、散乱させるベンヤミンの夢のなかの文字《d》への参照は、何を指しているのか。

この点については、『法の力』にも、「ベンヤミンの名前」をめぐる難解な議論があるので、ここでは読者にその議論へと道筋を拓いておくことにとどめておきたい。

いくつかの周辺的な事実を挙げておくにとどめておこう。

「言語一般および人間の言語について」に見られるとおり、ベンヤミンが、「名」をめぐる理論の構築を、その初期論考から一貫して試みていたことについては知られている。名に関する論考のなかでもきわめて謎めいたもののひとつに、「アゲシラウス・サンタンデル」という一九三三年にイビサで書かれたエッセイがある。ベンヤミン自身の虚構的自伝とも読めるわずか数頁の断片的な未完草稿であるが、ここには、ユダヤ人としてのベンヤミン自身の名をめぐる、両親による奇妙な命名の物語、秘密の隠された固有名（表題のアゲシラウス・サンタンデルという名）が語られている。

ベンヤミン研究者であるヨッヘン・ヘーリッシュは、「ヴァルター・ベンヤミンにおける複数の名」という副題をもつ論文において、ベンヤミンがみずからに付与したこの「アゲシラウス・サンタンデル」という名がもつ秘教的意味の多層性を、古典古代文学や聖書をひろく渉猟しつつ解き明かしている。この論文を読んで驚かせられるのは、架空の名に限らず、自分の名に取り憑かれたように、多種多様な外国語やアナグラムにそれを変換しては、自分のエッセイや論文のなかに散りばめていたベンヤミンの姿である。ベンヤミンはまた、古代文学やキリスト教の経典などを読んでは、自分の名の由来や、同じ名をもった人間の運命をめぐる記述を、至るところに捜し求めていた。ヘーリッシュ論文が示唆しているのは、自己の固有名を果てしなく複数化していくことに特異な幸福を味わう、ひとりの同化ユダヤ人の奇妙な名との関係なのである。『法の力』のベンヤミン論でデリダが参照しているのは、他ならぬこの論文であり、それと併せて、ベンヤミンの名の探求が最大限押し広げられた論考として、「ゲーテの『親和力』」が挙げられている

デリダ自身もまた、みずからの名をめぐってその出自に由来する複雑な物語をもっていることは知られているが（高橋哲哉『デリダ』参照）、もちろん、固有名についての議論が、固有言語と翻訳に関するより大きな主題系に連結していることは明らかだろう。次のようなアドルノの言葉を想起しておいてもよい。

「彼〔ベンヤミン〕にとっては、あらゆる希望の原像は事物の名と人の名なのであって、沈思しながら彼は、それらの名を復元しようとする」（「ベンヤミンの特徴を描く」三八一頁）

6　政治、倫理、動物

アドルノ賞記念講演の後半部で語られた、「私が夢みる一冊の本」とデリダが呼ぶ夢のプログラムについて触れておきたい。

ヘーゲルとマルクス、そしてハイデガー（および、ニーチェ、フロイト、フッサール、ベンヤミン）の遺産をめぐる、独仏両国のそれぞれ一万頁に及ぶ共通性と差異の歴史というプログラムは、むろんユーモアだとしても、自分とアドルノの差異は、これらの哲学をめぐる解釈の相違にあるとデリダは考えているようである（この点については、インターネット上で配信されている中山元のメーリングリストに邦訳転載され、ウェブサイト http://www.nakayama.org/polylogos/chronique/202.html で公開された、アドルノ賞受賞後の「ディ・ヴェルト」紙 *Die Welt* 九月二十四日号におけるデリダのインタビューが参考になる）。

なかでも、政治的なものに明示的に触れた部分（第5章）は、アメリカ同時多発テロについて言及した点でも興味深い。

近年のデリダの脱構築の射程が明確に国際政治の地平にまで及んで広がっていることは、例えば『他の岬』（一九九一年、邦訳一九九三年）、『マルクスの亡霊たち』（一九九三年）、『友愛のポリティクス』（一九九四年、邦訳二〇〇三年）といった、時期をおかず次々と公刊された政治をめぐる脱構築的分析に宛てられた大著や、国際避難都市会議で発表された『万国の世界市民たち、もう一努力だ』（一九九六年発表、邦訳一九九六年）など、直接的なメッセージを唱えるパンフレットにも明白である。

倫理と政治という問題圏、すなわち他者が差し出す負荷を、おそらくは今日最も真摯に担おうとしている思想家のひとりとして、デリダはこれまで一貫して、反アパルトヘイト運動、死刑制度廃止、同性愛者・不法滞在者《サン・パピエ》排斥批判、パレスチナ独立などといった運動に、弛まず関わってきた（本書でデリダが触れている「今世紀の幕開け」の「悪夢」のひとつとは、紛れもなく、二〇〇〇年末より和平交渉がなしくずしに瓦解し、パレスチナ独立の希望が泡沫と帰した二〇〇一年一月一日、殺戮が再び激化したイスラエルとパレスチナ自治区を指すだろう）。

最近でも、長い間タブー視されてきた、一九六一年十月十七日の、パリでの警官隊によるアルジェリア人大量虐殺事件における無名の証人たちの記憶の抹消に対しては強い抗議を訴える声明を出しているし、また、二〇〇二年春の国際作家議会によるパレスチナ訪問（日本からは鵜飼哲が参加）への報告集に共感には満ちた文章を寄せるなど、活発な脱構築的〈介入〉を行なっている。

本書でも用いられている「何人《なんぴと》も無実ではない」という表現は、同時多発テロ後にデリダが寄せたコメントとして、テロ直後の日本でも雑誌『世界』において発表された。相当に日本で誤解されて受けとめられた感のあるこの言葉が、本書でどんな文脈で使用されているか、確認していただきたい。

また、デリダが二〇〇三年一月に出版を予定している新著『ならず者』*Voyous* においては、アメリカが一部の国家を「ならず者国家」と形容している事態を指して明確にこれを批判しており、本書『フィシュ』で示されたデリダの態度は、終始一貫している。

なお、アドルノが提起した「動物」という問題を主題に書くという、最終章の構想として語られた事柄は、ハイデガーに残滓として残る執拗な〈人間主義〉を批判した『精神について』から、《L'Animal que donc je suis (à suivre)》(一九九七年)という近年の論文に至るまで、デリダの関心を強く引きつづけている動物論の主題系を素描している(《L'Animal》という、総称的定冠詞をつけられた名辞のありかたが疑念に付されるということは、またもや「名」をめぐる問いであり、したがって《Fichus》の問題である)。この問題については、ハイデガー、デリダ、アドルノらを含めた西洋哲学史における多種多様な「動物」の概念が比較されているエリザベス・ド・フォントネーの浩瀚な『獣の沈黙』(一九九八年)の整理が有益であろう。

7 「フィシュ」とは誰か？

デリダは、夢について、「すべての幽霊にして精神たちの喪や憑依や幽霊性を、亡者たちの回帰を最も歓迎する境域」であると言う。

〈幽霊〉は、デリダの近年の思考の中核を占める重要な概念のひとつであり、それだけに安易な要約を拒むが、とりもなおさず、それが、生と死、昼と夜、過去と現在（あるいは現在と未来）といった二つの領域のディアステーマ（間隙、中間、閾、薄明……ずれ、非結合、脱臼、分離、そしてまた失敗、不適合などを指すラテン語）に出現する、存在の非同一的な残滓や痕跡の再来、回帰を指すことを確認しておこう（『精神について』の最終行を想起してほしい）。

いま＝ここに繋ぎとめることのできない、だが同時に、特定された歴史的日付や具体的な場（＝埋葬）からもたえず逃遁して、別の時間、別の場所、別のいま＝ここへと再来する場。ディアステーマとは、デリダのマルクス論＝幽霊論の根幹概念である《out of joint》（脱臼、非接合）の異名である（『マルクスの亡霊たち』一一〇頁）。

シェイクスピアの『ハムレット』の台詞《Time is out of joint》（「時は脱臼している」）から取られたこの《out of joint》、すなわちディアステーマは、ハイデガーが「アナクシマンドロスの言葉」において「正義／継ぎ目、繋ぎ、結集」《Fuge》と対立させた「不正、悪／非＝接合」《Un-fuge》の翻訳語であると、デリダは述べていた。そして、ハイデガーと異なり、この《out of joint》＝ディアステーマ＝《Un-fuge》としての世界の裂開、夢のなかにこそ、自分は「正義の要求や、不屈のメシア的希望を歓待する場」を見出している、と。

では、《Fichus》とは誰を指すか？

アドルノ自身の「名の奥底」におり、夢のなかのように目覚め、呼びかける者――「しかし、力なく」。弱者、脆い者、無防備な者たち。つねに裸出と剝奪にさらされた「動物、子ども、ユダヤ人、異邦人、女性」たち。《out of joint》＝ディアステーマ＝《Un-fuge》の裂け目のなかにおり、《Fichus》という俗語で名づけられた、その意味では英雄化も聖化もされようもない「終わった奴ら」、「いっちまった奴ら」――それらこそが《Fichus》なのだ、とデリダのテクストは語る。

9・11という日付の上に奇しくも交叉したアドルノの名と〈戦争〉。だが、授賞式の講演台に立つデリダにとって、それは、単に偶発的な遭遇とは思えなかったはずだ。

これまでデリダは、「未聞の戦争の形態」と彼自身が『マルクスの亡霊たち』（一九九三年）のなかで呼ぶ、現代世界の深刻な危機を倦むことなく指摘してきた。

「未聞の戦争の形態」とは、当然のことながら、国際法に基づく正規軍同士の武力衝突という、「古典的」な国家間戦争を謂うのではもはやない。敵と味方、民間人と軍人、敵と犯罪者、戦場と市街地といった区別がいたるところで崩れ、世界内に遍在化した戦争のことを指すばかりでもない。

「未聞の戦争の形態」は、自国民と外国人、市民と非市民との差異を標定し画定する暴力のかたちで噴出する。そして無防備なまま、大規模に社会から排除され、暴力へとさらされた、失業者、貧困者、ホームレス、難民たち——《fichu》たちの世界が、この戦争のまず差し当たりの標的となる。彼らの呼びかけを、いかにして聴取したらよいのだろう。彼らに、いかに応答すればよいのか。

＊　＊　＊

終わりに、デリダによる長い夢をめぐる解釈の傍らに、その脚注として、その〈誤読〉に向けて、ひとつの引用をそっと差し出すことにしたい。それはベンヤミンの絶筆のなかで、あのクレーの新しき天使についてベンヤミンが触れた、周知の一節から抜き出した言葉である。

「きっと彼〔天使〕は、なろうことならそこにとどまり、死者たちを目覚めさせ、破壊されたものを寄せ集めて繋ぎ合せ（das Zerschlagene zusammen*fügen*）たいのだろう。ところが楽園から嵐が吹きつけていて、それが彼の翼にはらまれ、あまりの激しさに天使はもはや翼を閉じることができない」（「歴史の概念について」）

ベンヤミンの新しき天使は、「接合」の不可能性のままに翼を風にひるがえしたまま、後ろ向きに前へと進む。世界の乖離のなかで、にもかかわらず希望へと捧げられたこの天使の像は、本書でわれわれが読みすすめてゆく言葉と、どこか似ていはしないだろうか。

＊

本書におさめられた翻訳は初め、インターネット上のウェブサイト「ル・モンド・ディプロマティーク日本語版」（http://www.diplo.jp）の二〇〇二年一月号において、「異邦人の言語」というタイトルで掲載された。配信記事としてはあまりに異例の長さであり、また、フランス版編集局による翻訳条件への指示も厳しかったが、幸いなことに、山形大学の阿部宏慈先生に、多忙のなか訳文のチェックをお引き受けいただくことができ、邦訳版を公開することができた（旧訳が阿部宏慈先生の監訳となっていたのは、そのような事情による）。

訳出の過程で、阿部先生をはじめ、「ル・モンド・ディプロマティーク日本語版」代表の斉藤かぐみさん、同紙スタッフの方々の力をえて、頻繁に電子メールやファックスで訳稿への意見、代案を頂戴できたのは、心強かったというほかない。とくに阿部先生と斉藤かぐみさんには、ここに記して改めて感謝したい。お二人から、多くの貴重な示唆とご意見をいただいた。

今回こうして書籍として出版するにあたって、訳文に手を入れ直し、注も新たに付け加えることにした。いまだに訳語の選択に迷ったままの箇所もある。思わぬ過誤もあるやもしれない。読者からのご叱正を待ちたい。

本書の出版を提案され、みずから編集を担当された白水社の和久田頼男さんには、訳者の遅々として進まない作業を辛抱強く見守ってくださったこと、お詫びとともに心から感謝したい。そして、パートナーのクロエ・ヴィアートに——デリダの言葉の森のなかに分け入るためには、彼女がぼくの腕をとってくれなければとても不可能だった。彼女とぼくの記憶の子どもと、新しい子どもへ、この産まれたての書物を贈る。

二〇〇三年一月

逸見龍生

装丁　緒方修一

［著者略歴］
1930年アルジェリア生
フランスの哲学者，社会科学高等研究院（パリ）教授
著書に『歓待について』『他者の単一言語使用』ほか多数

［訳者略歴］
1964年生
1988年東北大学卒
フランス文学専攻，新潟大学助教授

フィシュ
アドルノ賞記念講演

2003年1月20日印刷
2003年2月10日発行

訳 者 © 逸《へん》 見《み》 龍《たつ》 生《お》
発行者 川 村 雅 之
発行所 株式会社 白水社
〒101-0052 東京都千代田区神田小川町3の24
電話 03-3291-7811（営業部），7821（編集部）
http://www.hakusuisha.co.jp

振替 00190-5-33228
三陽社・松岳社(株)青木製本所

ISBN4-560-02440-5